JN409884

허수아비야 허수아비야

| 김종욱의 아름다운 사색 |

김종욱 상화집

허수아비야 허수아비야

인쇄| 2008년 2월 20일
발행| 2008년 2월 25일

글쓴이| 김종욱
펴낸이| 장호병
펴낸곳| 북랜드
110-061 서울 종로구 신문로1가 오피시아 1406호
대표전화 (02) 732-4574 | (053) 252-9114
팩시밀리 (02) 734-4574 | (053) 252-9334

등 록 일| 1999년 11월 11일
등록번호| 제13-615호
홈페이지| www.bookland.co.kr
이-메 일| bookland@hanmail.net

편집주간| 곽흥렬
책임편집| 김인옥
영 업| 최성진

ISBN 978-89-7787-453-4 03810

값 10,000 원

허수아비야 허수아비야

|김종욱 상화집|

북랜드

차례

동

서

차례

남

북

동

새해맞이

해가 바뀌어 설레는 마음으로 새날을 맞는다.

숱한 사람들이 부산하게 오간다. 더러는 산으로 바다로 해맞이를 떠나고, 더러는 연휴를 즐기려고 여행길에 오르기도 한다. 그런가 하면 우리 집의 외손녀는 초등학교에 들어가게 되었다며 좋아하고, 제 어미 또한 마침내 학부모가 된다며 가슴 벅차하는데, 아내는 흰머리만 늘었다며 시무룩하다. 문득 선인들의 말이 떠오른다. '아이들은 한 살 더 먹기를 바라고, 늙은이는 한 살 더 줄기를 바랄 것이다. 누가 한 해라는 시간을 정해 놓았더냐. 차라리 한 해라는 시간을 없애버리는 게 어떨꼬?' 고려 때 진각국사가 남긴 설날 법어이다.

창가에 앉아서 흩어진 생각들을 정돈해 본다.

너나없이 복락은 가까이 하고 궂은일은 멀리하려 든다.

그러나 복은 쌍복일 수 없고 화는 외짝일 수 없다고 했다.

열심히, 그야말로 정직하고 성실하게 살아보려고 해도 일이 잘 풀리지 않을 때가 숱하다. 하나를 얻으면 다른 하나를 잃게 되고, 둘을 얻으면 셋을 잃을 때도 있다. 고통스럽다. 겉으로는 태연한 척 해도 드러내 놓고 말못할 고민으로 속을 끓일 때도 있다. 내 자신의 일로 해서, 부부간의 일로 해서, 아이들의 문제로 해서, 일터에서의 문제로 해서 갈등에 빠지게 된다. 고단한 삶에 지쳐 세상을 비관하거나 하늘을 원망하면서 어쭙잖은 운명론자가 되기도 한다. 때로는 산다는 그 자체를 포기하고 싶은 생각에 사로잡히기도 하지만, 그런 고비를 넘기고 나면 산다는 일에 여유가 생기고, 나아가 세상 보는 눈도 열리게 된다. 시련이나 고통은 사람을 성숙하게 만든다.

오늘 우리 사는 시대를 변화의 시대라고 한다.

변화의 속도가 빠르고 소용돌이가 세차서 어지러운 곳이 한국이다. 그래서 이 땅에 온 외국인들이 가장 먼저 배우는 말이 '빨리 빨리'이고, 외국에서도 '빨리 빨리'라는 말이 유행어가 된 지 오래이다. 그런가 하면 '변해야 산다, 머물면 죽는다'라는 말이 절실한 화두가 되어 있다. 심지어 기업에서는 세상이 어떻게 변하고 있는지, 소비자가 무슨 생각을 하고 있는지 조사하기 위하여 많은 돈을 들여 연구하고 있다. 변화가 감지되면 곧바로 전략을 바꾸고 제품에 반영한다.

세상 흐름에 재빨리 따라가는 것이 변화일까?

지금껏 하루 빨리 선진국을 따라 잡아야 한다는 고정관념에 사로잡혀 살아왔으니 그럴 만도 하다. 그러나 진정한 의미의 변화는 그렇지가 않다. 세상을 살다가 어떤 한계에 부딪혔을 때 그것을 뛰어넘기 위한 몸부림이요, 지금까지의 생각이나 방법과는 다른 새로운 길을 모색하는 것이 변화이다. 그러자면 먼저 자기 세계가 있어야 하고, 신념이나 철학이 있어야 한다. 그렇지 못한 변화는 순간적인 변신에 지나지 않는다.

무작정 남을 따라하는 게 능사는 아니다.

나 자신을 돌아보는 여유와 지혜가 필요하다.

앞을 바라보는 것도 중요하지만, 지금껏 걸어온 길을 되돌아 볼 줄도 알아야 한다. 자칫하다가는 엉뚱한 방향으로 가게 될는지 모르고, 우리가 바라던 길이 아니라고 후회할 수도 있기 때문이다. 다시 말하자면 사람다움에 대해서는 말하지 않고, 사람답게 산다는 것이 무엇인지 생각해 보지 않은 채 오로지 경제적 가치에만 매달리다 보면 후회하기 십상이다. 변화의 궁극적인 목표는 사람답게 사는 데 있다. (2008)

사람살이의 격

크고 작은 책방이 문을 닫고 있다.

많은 사람들이 책을 읽지 않으니 팔리지 않고, 운영이 어려우니 문을 닫을 수밖에 없다. 한 해에 한 권도 읽지 않는 사람이 있는가 하면, 학교를 졸업하면 아예 인연을 끊어 버리는 사람마저 있다. 음반, 그 가운데서도 클래식 음반의 경우 찾는 사람이 한정되어 있다. 음반사들이 경영난에 시달리다가 문을 닫고 만다. 미술관이나 박물관에 가보면 고즈넉한 정적이 감돈다. 그런가 하면 가요 쇼나 뮤지컬 공연장에는 발 들여놓을 틈이 없을 정도로 붐비지만, 클래식 음악 연주회나 오페라 공연장에는 빈자리가 수두룩하다.

피·시방, 게임방, 노래방이 성업중이다.

이용자들의 대다수가 청소년층인데, 그럴 만한 이유가 있다.

요즈음 아이들의 성장 과정을 살펴보면 유치원 시절부터 놀 시간이 없다. 초등학교에 들어가면 집과 학교와 학원을 벗어날 수 없고, 중학생이 되면 벌써 대학 진학이 목표가 된다. 우리네 청소년들에게는 스스로 선택하고 책임질 수 있는 기회가 없다. 오로지 부모와 교사와 학원 강사가 일러주는 대로 따라가야 하는 모습이 안쓰럽다. 그러다가 대학교에 들어가면 무제한에 가까운 자유가 주어진다. 하지만 그들이 호연지기를 기르거나 젊음을 발산할 만한 곳이 그리 많지 않다.

너나없이 먹고살기가 한결 좋아졌다.

최소한 먹는 것 때문에 아귀다툼을 하지 않아도 된다.

그렇다 보니 어떻게 하면 '더 많이 모을 수 있을까' '더 높이 출세할 수 있을까' '더 큰 집이나 더 좋은 차를 가질 수 있을까'에 관심이 쏠려 있다. 이 같은 세태 속에서도 '내 비록 부자는 아니지만 그렇다고 빚을 지고 살지도 않는다'는 자부심으로 느긋하게 살아가는 사람들이 있다. 인격·자존심·사람살이의 격을 염두에 두고 꼿꼿하게 살아가는 사람들이다. 다시 말하자면 주체할 수 없을 정도의 재물이나 명예를 누리고 있을지라도 정신적으로 가난한 사람이 있는가 하면, 가난하게 살고 있을지언정 문화와 예술을 음미하고 즐기면서 여유 있게 살아가는 사람들이 있다.

재물과 명예가 사람살이의 전부는 아니다.

이제 본질적인 문제에 관심을 가져야 할 때가 되었다.

아이들의 손을 잡고 책방이나 공연장, 미술관이나 박물관을 찾아가는 게 어떨까 싶다. 어른과 아이들이 다 함께 행복해질 수 있는 방법이라는 생각에서다.

한 주일에 한 번쯤 책방에 간다. 새로 나온 책을 살펴보거나 필요한 책을 사기 위해서다. 그럴 때마다 신기한 광경과 맞닥뜨리게 된다. 의자에 앉아서, 서가에 기대어서, 심지어 바닥에 주저앉아 책을 읽는 사람들이 무척 많다. 나 또한 슬며시 그들 속에 끼여들어 시간 가는 줄 모르고 읽기도, 때로는 필요한 부분을 노트에 베껴 쓴 뒤에 책을 제자리에 꽂아두고 나오기도 한다.

이따금 클래식 음악 연주회에 간다. 입장권 예매를 하려고 서둘러 전화를 하면 이미 매진되었다고 할 때가 있다. 표를 사지 못해 아쉬워도 기분이 그렇게 나쁘지는 않다. 문화예술을 사랑하는 사람들이 그만큼 늘어나고 있다는 데 대한 반가움 때문이다. 실제 정기회원이나 후원회원으로 가입하는 사람들이 늘어나고, '마띠네Matinee' 또는 '브런치Brunch'로 불리는 오전 음악회가 자주 열리기도 한다.

금세기를 '문화의 시대'라고 하는데, 문화란 무엇인가?

문화란 사람이 창조한 정신 재산을 통해 사람답게 살아가는 형태를 말한다. 다시 말하자면 문학·예술·교육 같은 것을 통한 인문화人文化라 할 수 있다. 그런데, 문화에도 수준이 있다. 우선 대중문화와 고급문화로 나누어 본다. 대중문화는 접근하기가 쉽고 흥미롭지만, 그만큼 경박하고 수명도 짧다. 반면에 고급문화는 다가가기가 쉽지 않고 전문지식이 필요하지만 우아하고 멋스럽다. 그로 해서 정신 세계가 성숙해지고 자부심을 가질 수 있게 된다. 나아가 사람살이의 격이 달라지기도 한다. (2007)

커피 이야기

커피로 하루를 시작하는 사람들이 있다.

딸아이는 아침에 일어나면 곧바로 커피메이커 앞으로 다가간다. 커피원두를 갈아서 넣고 물을 부은 뒤에 전원 스위치를 넣는다. 이어서 샤워를 하고 나와 머리를 손질하면서 커피를 마신다. 그리고는 옷을 챙겨 입고 출근을 한다. 아침밥은 아예 먹을 생각조차 하지 않는다.

나는 하루에 너더댓 잔 정도의 커피를 마신다. 아침에 한 잔, 낮에 두서너 잔, 그리고 저녁에 한 잔씩 마신다. 손님이 오거나 밖에 나가게 되면 한두 잔 더 마시는 경우가 있지만 보통 너더댓 잔쯤 마신다. 아침이나 저녁에는 큼직한 컵에다 인스턴트커피와 우유를 반반씩 섞은 부드러운 것을 마신다.

식사 대용으로 빵을 곁들이기도 하지만 이것만 마셔도 든든하다. 낮에는 볕 좋은 창가에서 혼자 마신다. 커피원두를 갈고 걸러서 따끈한 커피를 뽑으면 방안에 구수한 향기가 퍼진다. 갓 뽑은 헤즐럿 커피를 한 모금씩 천천히 마실 때, 마음속에 스미는 온기와 향기가 잠시나마 행복감에 젖어들게 한다. 반가운 손님이라도 찾아오는 날이면 예쁜 잔에 담아내는 격식을 갖추기도 한다. 그러나 원고지와 씨름을 할 양으로 책상 앞에 앉을 때는 머그잔에 그득하게 부어 전의를 가다듬는다. 그럴 때는 즐기는 것이 아니라 일을 하기 위한 준비 작업이자 각성 효과를 염두에 둔 것이라 할 수 있다. 이처럼 한잔의 커피는 가난한 글쟁이가 누릴 수 있는 여유이자 사치라고나 할까.

커피와의 인연은 꽤 오래되었다. 아마도 젊은 날 다방에 드나들면서부터였을 성싶다. 하기야 그 이전인 육이오 이후 미군 부대에서 흘러나온 씨레이션 상자에 들어 있던 커피를 맛본 적이 있다. 하지만 그때는 종이봉지 속의 검은 가루를 멋모르고 입에 넣었다가 진저리를 치며 뱉고 말았다. 그런 '먹지도 못하는 가루'를 물에 타서 마시기 시작한 것은 직장에 다니면서부터였다. 사람을 만나고, 이야기를 나누고, 음악을 듣는다고 몰려다니면서 자연스럽게 가까워졌다. 한때는 맛이 좋다고 소문난 집을 찾아다니기도 했었다. 그 맛의 비법이란 게 담배꽁초나 계란 껍질 같은 것을 넣어 진하게 우려내는 주방장의 솜씨라는 것을 세월이 한참 지나서야 알게 되었지만. 또 하나의 기억은 그 당시만 해도 커피는 흔한 물건이 아니었다. 알음알음으로 미제 물건을 파는 보따리 장사꾼을 통해 구하던 시절이었다. 그래서 미제 커피 한 병이면 더할 수 없이 귀한 선물이 되었다. 나도 어렵게 구한 커피 한 병을 선물한 적이 있다.

그 시절, 커피 한잔 값이 보리쌀 한 말 값이라고 했었다.

더러는 밥값보다 비싼 커피를 마신다며 비아냥거리기도 했었다. 그럼에도 불구하고 가난한 청춘들은 담배 연기 자욱한 다방에서 줄곧 커피를 마셔대며 울분을 토하는 허영과 사치를 즐기고 있었다. 되돌아보면 암울한 시대 상황과 인생의 고독이나 절망에서 벗어나기 위한 처절한 몸부림이었지만, 가끔 젊은 날의 치기 어린 모습이 떠올라 얼굴이 붉어질 때가 있다. 더불어 그 동안 잊고 지내던 기억들이 부스스 일어나 기지개를 켜기도 한다.

커피에 관한 잊을 수 없는 추억이 더러 있다.

한때 농촌지역에서 하숙을 해 가며 직장생활을 한 적이 있다.

그 무렵 농촌에서는 전기가 들어오지 않아 남포등을 밝혔고, 아궁이에 장작불을 지펴 밥을 하거나 물을 끓였다. 그만큼 부엌살림하기가 번거롭고 옹색했었다. 그런데도 주인집 아주머니는 도시에서 온 젊은 하숙생을 위해 때마다 커피를 타서 내놓았다. 거기다 아침에는 계란 노른자를 곁들인 이른바 '모닝커피'를 내놓기도 했다. 커피 맛이 들쭉날쭉했지만, 그보다는 미안한 생각이 들어서 그만두라고 부탁을 해도 정성을 쏟았다. 한 해가 조금 지나자 그 맛에 길들여져 있었고, 도시로 나와 다방을 뻔질나게 드나들었지만 한동안 그 맛을 잊을 수 없었다.

외국에 나갈 때마다 흔하게 보는 광경이다.

베네치아의 산 마르코 광장에서, 파리의 몽마르트르 거리에서, 보스톤의 한갓진 거리에서……. 길거리에 자리 잡은 노천 카페에서 커피 한잔을 앞에 놓고 책을 읽거나 신문을 보는 사람들이 있다. 때로는 엽서를 쓰거나 그림을 그리는 사람들도 본다. 마치 자신의 집이나 뜰에 앉아 있는 것처럼 편안하고 여유로운 그들의 모습을 바라보면서 부러운 생각이 들 때도 있다. 어쩌면 한 잔의 커피가 개인의 기호품이라는 효용성을 뛰어넘어 그것을 좋아하는 사람들끼리 교감할 수 있기 때문일는지도 모르겠다. 때로는 이심전심이란 말을 떠올려보기도 한다.

한번은 미국에 갔다가 찻집에 들었다.

분위기가 그럴싸했다. 호사스런 실내 장식이며 드문드문 놓인 둥근 탁자가 어우러져 멋스럽고 아늑하게 느껴졌다. 그동안 여러 번 미국에 갔었지만 전문 찻집에 가보지 못했다. 거기서는 카페에서 빵과 함께 커피를 내거나 레스토랑에서 후식으로 차를 낸다. 아니면 간이 찻집에서 초콜릿이나 케이크와 함께 커피를 팔기도 한다. 그래서 조금은 의아하게 생각하면서 따라갔었다. 이야기인 즉, 호텔의 레스토랑인데 점심시간이 지나면 차만 판다고 했다. 정장을 갖춰 입은 종업원이 와서 주문을 받았다. 차림표를 보니 커피 · 홍차 · 중국차 · 그밖에 다른 차도 있었다. 저마다 좋아하는 차를 주문하는데, 나는 하와이산 코나 커피를 시켰다. 부드러우면서도 톡 쏘는 신맛에다 향이 좋아 오후에 마시기 적당한 커피라 하겠다. 주문한 차가 나왔다. 우리네처럼 한 잔씩 주는 게 아니라 앞앞이 한 주전자씩 갖다 주었다. 조금은 신선하게 느껴졌다. 차 맛 또한 일품이었다. 손수 부어 마시거나 종업원이 수시로 잔을 채워 주기도 하는데, 은근한 빛깔의 찻잔이며 도자기 주전자로 해서 차 맛이 한결 좋게 느껴졌다. 어쩌면 차 맛보다 분위기에 취했다고 해야 옳을는지 모르겠다.

마치 귀족이라도 된 것 같은 착각에 빠져 시간 가는 줄 모르고 이야기를 나누었다. 밖으로 나오니 거리에 네온사인이 하나둘 켜지고 있었다.

한동안 커피와의 인연을 끊고 지냈다.

과다한 카페인 섭취가 건강에 좋지 않다고 했다.

신경계에 자극을 주고 위장 장애를 일으킨다는 이야기도 들었다. 나이 들수록 진하고 자극적인 맛에서 벗어나야 한다고 했다. 미각도, 생활도, 마음도 담백하고 은근해져야 한다는 차에 대한 예찬을 듣고 보니 그럴 성싶었다. 마음이 끌려 전통차를 마시기 시작했다. 녹차를 즐겨 마셨다. 때로는 산수유 · 구기자 · 오미자 같은 한방차를 달여서 먹기도 했다. 꽤 오랫동안 전통차에 빠져 지냈다. 하지만 체질적으로 속이 냉한 터라 아랫배가 불편하고 다소의 부작용이 있었다. 전문가의 말로는 냉한 체질부터 다스리는 게 좋다고 했다. 그래서 다시 커피를 가까이 하게 되었다.

커피는 나른한 일상에 생기를 불어넣어 준다.

한나절이 지나도록 찾아오는 이 하나 없고, 걸려오는 전화 한 통 없는 날이면 슬며시 커피메이커 앞으로 다가선다. 커피원두를 분쇄기에 넣어 갈고 여과지로 걸러서 따끈한 커피를 뽑는다. 은근한 향기가 방안에 가득 퍼진다. 커피 잔을 손에 들고 이런저런 생각을 하다 보면 고독·그리움·사랑·평화·생명·죽음 같은 낱말들이 꼬리에 꼬리를 물고 또 다른 생각을 불러일으키기도 한다. 글쓰는 사람에게 있어서 사유와 행위는 그 무엇인가를 찾아가는 여행과도 같다. 그로 해서 육체와 영혼이 다함께 따뜻해질 때가 있는가 하면, 생각이 잘 풀리지 않아 멍한 눈으로 원고지를 바라보다가 붓을 놓고 벌렁 누워버릴 때도 있다. 답답하다 못해 짜증스럽다. 불현듯 따끈한 커피가 그리워진다. 한 모금 마신다. 비로소 나를 옥죄고 있던 것들로부터 벗어나 자유를 즐긴다. 이런 재미도 없다면 고단한 붓방아질을 내 어찌 견디어 낼 수 있을까 싶다. 커피를 즐기는 시간, 빠듯한 내 일상의 쉼표라고나 할까. (2006, 죽순)

건조주의보

올 봄 날씨는 갈피를 잡을 수 없다. 느닷없이 눈이 쏟아지는가 하면 기온이 영하로 뚝 떨어져 몸이 움츠려들게 하고 있다. 벚꽃 또한 때가 되었는데도 머뭇거리고 있다. 한줄기 비라도 내려 대지를 촉촉하게 적셔준다면 더없이 좋으련만, 기다려도 비는 오지 않고 희뿌연 하늘에 바람만 불어 대고 있다. 건조주의보가 발령되었다.

산행을 나섰다. 길목에 이르니 붉은 글씨로 '산불조심'이라고 쓴 커다란 현수막이 앞을 가로막았다. 그럴 것이, 해마다 이맘때쯤이면 산불로 해서 한바탕 난리를 치러야 한다. 나무를 땔감으로 사용하는 일이 없어지면서 산에는 우거진 산림과 낙엽으로 그득하다. 작은 불씨 하나만으로도 불이 붙었다 하면 삽시간에 큰불로 번지고 만다. 거기다 건조한 날씨에 강한 바람까지 불면 걷잡을 수 없는 지경에 이르기도 한다. 그야말로 속수무책이다. 그로 해서 공들여 가꿔 놓은 임야는 말할 것도 없고, 마을을 쑥대밭으로 만들어 놓는가 하면 인명 피해까지 겹쳐 엄청난 피해가 뒤따른다. 몇 해 전에는 설악산 일대에 큰불이 나서 몇날 며칠을 애태우며 지켜보았다. 크고 작은 산불이 담뱃불 같은 조그만 부주의에서 비롯된다는 사실이 안타까울 뿐이다.

이전에 산불을 끄느라 고생한 적이 있다.

처음에는 곧 불길을 잡을 수 있을 것 같았다. 더구나 날이 저물면 불길을 잡기가 어렵다는 생각이 들어, 사방에서 에워싸고 불길을 잡아 나간 끝에 더 이상 불길이 보이지 않아 사람들을 모두 내려보냈다. 하지만 판단이 빗나가고 말았다. 큰 불길을 잡았다고 방심한 게 화근이었다. 나무 등걸 속에 남아 있던 불씨가 바람을 타고 다시 활활 타올라 한밤중에 사람들이 산으로 올라갔으나 불길을 잡기엔 역부족이었다. 밤이라서 헬리콥터를 이용할 수도 없었고, 사람들 또한 낮부터 시달려 온 터라 지쳤다. 자칫하다간 인명 피해가 날 수도 있겠다는 생각이 들어 멀찍이 물러나 지켜 볼 수밖에 없었다. 날이 밝아 다시 불길을 잡는 데 전력을 다했으나 밤사이에 크게 번진 불길을 잡는 일이 쉽지 않았다. 천신만고 끝에 불은 잡았으나 인근의 산이 모두 시커먼 잿더미로 변하고 말았다. 사람들도 몇날 며칠을 산 속에서 용을 쓰느라 모두들 기진맥진 상태였다. 이번에는 반드시 불을 낸 사람을 찾아서 벌을 받게 해야 한다고 분개하였다. 경찰의 도움으로 마침내 범인을 찾았고, 그 사람은 실형을 살았다.

건조주의보, 자연현상에 대해 경각심을 일깨워 준다. 순간, 반드시 그런 것만은 아니라는 생각이 '번쩍' 하고 전광석화처럼 머릿속을 스치면서 생각은 또 다른 생각을 낳았다. 마침내 우리네 사람살이에도 건조주의보를 발령해야 할 때라는 생각에 이르렀다.

우리네 살아가는 모습이 거칠고 메마르기 그지없다.

어른 아이 할 것 없이 새벽 같이 집을 나서면 늦어서야 돌아온다. 주부들도 생활 전선에 뛰어들지 않을 수 없는 형편이다. 직장에 다니고 있는 사람들도 행여 밀려나지나 않을까 전전긍긍하고 있을 뿐 아니라 아예 일자리를 얻지 못해 놀고 있는 사람들도 적지 않다. 가족이 한자리에 둘러앉아서 웃고 즐길 여유가 없다. 생활환경 또한 거칠고 메마르다. 주택이며 교통 사정이 그렇고, 물이며 공기도 오염이 심각한 지경에 이르렀으며, 심지어 아침저녁 식탁에 오르는 먹거리도 안심하고 먹을 수가 없다. 고단하고 짜증스럽다.

사람이면 누구나 좋은 환경에서 즐기면서 살고 싶어 한다. 더러는 번잡함을 피해 자연을 찾고, 신선한 공기와 심신을 단련하기 위해 깊은 산 속을 찾기도 한다. 전원주택에 관심을 가지는 사람들이 늘어나고, 무공해 식품을 골라서 먹거나 직접 재배해서 먹는 사람들도 있다. 먹고 살만한 사람들이나 하는 짓이라고 생각하기 쉬우나 반드시 그런 것도 아니다. 이른바 '잘 나가던 사람'이 어느 날 갑자기 훌훌 털어버리고 시골로 내려가 자연과 더불어 새로운 삶을 시작하는 사람들도 있다. 낯설고 어설픈 환경에서 사람살이의 훈기를 느끼며 살고 싶어 하는 사람들이다.

친하게 지내는 사람 가운데 그런 사람이 있다. 대기업에서 인정받는 자리에 있었으나, 수목원을 해보겠다며 느닷없이 직장에서 물러나고 말았다. 주위에서 말렸으나 막무가내였다. 그의 말인즉, 남의 밑에서 평생을 일해 봤자 남는 게 뭐 있겠느냐. 고생이야 되겠지만, 한 나이라도 젊을 때 내 길을 찾아서 즐기면서 살아가는 게 낫지 않겠느냐. 죽기 아니면 까무러치기라는 각오로 일하면 무슨 수가 나겠지 뭐, 하는 것이었다. 도시에서 태어나 줄곧 도시에서 살았지만, 그에게는 나무를 가꾸고 다듬는 데 남다른 손재주가 있다.

일을 시작했다는 소식을 듣고 그냥 있을 수가 없어서 찾아가 보았다. 인적이 드문 산 속에다 널찍하게 터를 잡았는데, 돌을 골라내고 터를 고르면서 농장을 만드는 일이 수월찮아 보였다. 뙤약볕에 검게 그을려 얼굴은 윤기가 나고, 손은 찍히고 터져서 볼품이 없었다. 그의 부인도 덩달아 죽을 고생을 하고 있었다. 그의 말로는, 올해는 기초 공사나 해 놓고 내년부터 나무를 심고 가꿀 작정이라고 했다. 조그만 집도 한 채 마련할 계획이라고 했다. 한 오년쯤 고생하면 어설프지만 그런 대로 모양새를 갖출 수 있을 것이라며 웃었다. 남들이 뭐라고 하든 자신은 행복하다고 했다. 임시로 마련한 움막 같은 집에 누워서 밤하늘의 별자리를 바라보는 재미가 쏠쏠하고, 싱그러운 나무향기 속에서 맞는 아침이 그렇게 좋을 수가 없다고 했다. 뿐이랴. 이런 곳에서 살면 글이 저절로 쓰일 것이라며 나를 유혹했다.

저마다 놀 자리가 따로 있다. 새의 즐거움은 깊은 숲 속에 있고, 물고기의 즐거움은 깊은 물에 있다. 물고기가 물을 사랑한다고 해서 새까지 깊은 연못 속으로 옮겨서는 안 된다. 새가 숲을 사랑한다고 해서 물고기마저 숲 속으로 옮겨서도 안 된다. 마찬가지로, 우리네 사람살이도 저마다 놀고 싶은 곳에서 즐기면서 놀 수 있도록 내버려두는 것이 상책이다.

재능이나 적성 따위는 아랑곳하지 않고 명문 대학에 넣으려고 무리하게 과외를 시키는 일, 어린것을 일찌감치 운동장으로 내몰거나 무대에 세우는 일, 이제 그런 일에서 벗어나는 게 좋지 않을까 싶다. 그뿐이랴. 가고 싶지 않은 길을 가라고 윽박지르거나 하고 싶지 않은 일을 하라고 강요해서도 안 된다. 남의 아픈 곳을 빌미로 삼아 떳떳하지 못한 일을 시키는 것 또한 옳지 않다. 그런 저런 이유로 해서 저마다의 개성이 무시되거나 지나치게 규격화되어 버렸다. 순리와 조화를 거부하는 일이 아닐까 싶다.

사람은 사람다워야 한다. 꽃이 피고, 새가 지저귀고, 달빛 어린 냇물을 바라보면서 시를 읊거나 노래를 할 줄 알아야 한다. 아름다운 사랑도 해봐야 한다. 그것으로 해서 꿈속을 헤매는 것도 나쁘지 않을 뿐더러, 설령 상처받고 고뇌하게 될지라도 두려워 할 필요가 없다. 사랑은 머리가 아닌 가슴으로 기억하고, 또한 묻어 두려고 하기 때문에 아름다운 것이다. 세상사 모든 게 마음먹기에 달렸다. 사람답게 살려고 애쓰다 보면 신체는 건강해지고, 마음은 툭 터져서 걸림이 없을 것이다. 나도 그렇게 살고 싶다.

현대인들은 똑똑하다는 소리를 듣고 싶어 한다. 어쩌다 어수룩하다거나 수더분하다는 소리를 들으면 바보 취급을 받는 것 같아 불쾌하게 생각한다. 하지만 사람살이를 넉넉하게 해주는 것은 차가운 논리나 이성이 아니라 따뜻한 웃음과 감성이다. 이성이 성하면 감성이 쇠하는 법이다. 건조주의보, 마음밭이 메마르지 않도록 가꾸라는 경고로 받아들이고 싶다. (2005)

벌거벗은 이야기

주룩주룩 내리는 비. 알몸으로 펑퍼짐한 돌 위에 앉아서 그 비를 맞고 있다. 아, 시원하다.

이따금 노천탕을 찾는다. 아랫도리는 뜨거운 탕 속에 담그고 윗몸은 바람을 맞으며 풍욕을 즐긴다. 그러다가 밖으로 나와 서성거리기도 한다. 햇빛과 바람을 이용한 목욕 방법이다. 피부 호흡을 원활하게 해주면서 심장을 튼튼하게 해주기 때문에 감기나 잔병치레를 예방해 준다. 암과 같은 난치병 치료에도 효과가 있다. 어디 그뿐이랴. 덤으로 하늘과 산, 나무와 숲, 바람과 구름이 만드는 멋진 풍경을 즐길 수도 있다. 더구나 오늘처럼 비가 내리거나 눈이라도 오는 날이면 묘미를 한껏 즐길 수 있으니 돌멩이 하나로 여러 마리의 새를 잡는 것과 같다고나 할까.

처음엔 부끄러운 생각이 들어 망설였다. 밝은 하늘 아래 벌거벗은 채 앉아 있는 게 멋쩍고 어색했으나 한 번 두 번 거듭하다가 나도 모르게 습관이 되어 버렸다. 고기도 먹어본 사람이 먹는다고, 누구든 재미를 붙이면 벗어나기가 쉽지 않을 성싶다. 그럴 것이 거추장스런 옷을 훌훌 벗어 던지고 나면 홀가분해서 좋고, 햇빛과 바람을 맞으면서 정신을 맑게 할 수 있어서 더욱 좋다. 나아가 건강도 좋아지니 이 얼마나 좋은가.

흔히들 '벌거벗은 알몸'이라고 하면 '거부반응'을 보이기 일쑤이다. 다 큰 사람이, 그것도 체면이라는 것을 알 만한 사람이 벌거벗었다고 하면 '망측하다'는 생각부터 하게 마련이다. 고루한 생각이라고 하지 않을 수 없다. 아직도 지구촌 곳곳에는 벌거벗은 모습으로 살아가는 종족들이 있는가 하면, 문화인으로 자부하는 선진국에서도 알몸 퍼포먼스가 심심찮게 벌어지고 있다. 그네들의 시각에서 보면 옷이란 것을 걸치고 있는 사람들의 모습이 오히려 이상하게 보이지 않을까 싶다. 그런가 하면 벌거벗은 모습은 순수하고 아름답고 신비스럽기도 하다.

잘 빚어진 석상은 벌거벗음의 아름다움을 일깨워 준다.

수영장에서 철버덩거리며 물놀이를 즐기는 아이들의 알몸은 순진하고 낙천적인 얼굴만큼이나 미소가 번져나게 한다. 뿐이랴. 신의 피조물 가운데서 가장 아름다운 것이 여인의 몸매라 하였다. 더구나 쉽게 쓰다듬을 수 있도록 노출된 목덜미는 사랑스럽고, 봉긋하게 솟아오른 젖가슴은 탐스러우며, 흘러내리는 등의 선은 조화롭다. 그리고 엉덩이는 워낙 은밀한 곳이라서 덮어두고 싶지만, 그 빼어난 아름다움을 그냥 지나칠 수야 없지 않은가. 그러나 알맞은 굴곡과 탄력 있는 근육이 어우러져 만들어 내는 아름다움을 내 무딘 붓으로 그려낸다는 것은 어림없는 짓이라는 생각이 들어서……. 어디 그뿐이랴. 치렁치렁 흘러내린 윤기 있는 머리채는 신비감을 더해 준다. 그런가 하면 남자들의 건장한 체격과 잘 발달된 근육은 믿음직스러워서 보기에도 좋다.

사람들은 왜 옷을 입어야 하는 걸까?

태초에 말씀이 있었다. 그 말씀에 이르기를, 여호와께서 아담과 그의 아내에게 선악을 알게 하는 나무의 열매는 먹지 말라고 하였으나 뱀의 꾐에 빠져 기어이 따먹고 말았느니라. 그리하여 눈이 밝아져 자신들의 몸이 벗은 줄 알게 되었고, 부끄러워 무화과 나뭇잎을 엮어 치마를 둘렀느니라. 여호와께서 그들을 불렀으나 벗었으므로 두려워하여 숨었느니라. 그러자 아담과 그의 아내를 위하여 가죽옷을 지어 입혔고, 그런 다음 에덴동산에서 쫓아내고 말았느니라. 그러고 보면 사람들의 옷 입기는 원죄와도 무관하지 않을 성싶다.

아이들은 태어나면 배냇저고리를 입는다. 그러다가 나이에 따라 바꿔 입고 때와 장소에 따라 갈아입기를 되풀이한다. 처음에는 단순히 몸을 보호하기 위하여 입지만, 철이 들면 부끄러움에서 벗어나려고 입고 체면을 유지하려고 입는다. 예부터 '입은 거지는 얻어먹어도 벗은 거지는 못 얻어먹는다.'고 한 것을 보면, 옷차림이 단정해야 제대로 대접받을 수 있다는 뜻이기도 하다. 그런가 하면 멋이란 것에 눈을 뜨게 되면 남에게 돋보이려고 입는다. '옷이 날개'라는 말마따나 예쁘게 · 화려하게 · 우아하게 · 품위 있게 보이려고 변신에 변신을 거듭한다. 하지만 그로 해서 빚어지는 갈등이나 폐해도 만만찮다. 엄청난 경제적 부담은 말할 것도 없고, 거짓이나 허영에 사로잡혀 지탄을 받거나 파멸에 이르는 경우도 없지 않다.

옷을 벗으면 부끄럽고 허전하다. 그렇지만 시원하고 홀가분하다. 목욕탕이나 해수욕장 같은 데 가보면 실감하게 된다. 뿐만 아니라, 나날의 삶을 옥죄는 체면 · 위선 · 허세 · 자존심 같은 거추장스런 울타리에서 벗어날 수 있다. 그만큼 사람살이가 순수하고 질박해질 수도 있다.

내 친구 가운데 조그만 사업을 하는 사람이 있다. 그 친구의 말이다. 예나 지금이나 사업이란 쉬운 게 아니다. 제품을 만드는 일, 종업원들을 관리하는 일, 자금을 조달하는 일, 거래처를 확보하는 일, 어느 것 하나 수월한 게 없다. 게다가 변화무쌍한 시장에서 살아남기 위해 온갖 수단 방법이 다 동원된다. 이런 경우도 있다. 갖은 애를 써도 대화의 물꼬가 트이지 않으면 무작정 사우나로 데리고 간다. 처음에는 분위기가 서먹서먹하기 마련이지만, 알몸으로 마주 앉아서 주거니 받거니 하다 보면 끝에 가서는 '허~허' 웃으면서 손을 잡게 된다. 벽이 허물어지고 길이 열린다. 뿐이랴. 그렇게 해서 맺어진 인연은 오래도록 이어지고, 마침내는 가족들까지 정을 나누는 사이로 발전하는 경우도 있다. 어쨌든 진실한 관계를 원한다면 내가 먼저 무장해제를 하는 게 좋다. 그렇게 하지 않고서는 뜻을 이룰 수 없다.

그뿐인가. 벌거벗은 수상과 정장 차림의 대통령이 대화를 나눈 일화도 있다.

2차 세계대전 초기의 이야기이다. 처칠 수상이 불리한 전황 속에서 원조를 얻기 위해 루즈벨트 대통령을 찾아갔었다. 어느 날 귀빈 숙소에서 목욕을 끝낸 뒤 타월만 두르고 있는 처칠 앞에 예고 없이 루즈벨트가 나타났다. 당황한 처칠이 몸을 일으키다가 타월이 흘러내리고 말았다. 뜻하지 않게 상대방의 벌거벗은 모습을 보게 된 루즈벨트가 어쩔 줄 몰라 난감해 하고 있었다. 하지만 임기응변에 능한 처칠은 천연덕스럽게 "보시다시피 우리 영국은 대통령 각하와 미국 국민에게 아무것도 감추는 게 없습니다." 하면서 분위기를 반전시켰다. 그 같은 인연으로 해서 많은 원조를 얻어냈을 뿐더러, 크고 작은 문제가 있을 때마다 머리를 맞대고 의견을 나누는 사이가 되었다. 그러다가 자리에서 물러난 뒤에도 흉금을 터놓고 대화를 나누는 아름다운 우정을 이어갔다.

세상살이가 번잡하고 답답하기 그지없다. 단순하게 살고 싶다. 체면치레로부터 벗어나 홀가분하게 살고 싶을 때도, 나날의 삶을 옥죄는 허세며 위선에서 벗어나 자유로워지고 싶을 때도 있다. 그리하여 보다 순수하고 질박한 사람살이를 향해 한걸음 다가설 수 있었으면 좋겠다. 지나친 욕심이라면, 구름 엉키고 비바람 몰아쳐 천지를 휩쓸 때 벌거벗은 몸으로 달려나가 한줄기 소낙비라도 맞고 싶다. 행여 풍진에 찌든 땟국이라도 벗길 수 있을까 해서. (2006)

흐르는 강물과 더불어

강물은 아무런 말이 없다. 오랜만에 찾아와서 아는 체 해도 그냥 제 갈 길을 재촉할 뿐이다. 다리 난간에 기대서서 말없이 강물을 바라보고 있다. 절벽 밑을 감돌아 흐르는 물길은 푸른빛을 띄우고, 모래밭에 쏟아지는 햇볕은 축복처럼 따사롭기만 하다. 저만치 자리 잡고 앉아 있는 마을이 무척 평화롭게 느껴진다. 칠백 리 길 낙동강의 지류인 데, 저쪽은 의성 지역이고 이쪽은 군위 지역이다. 감회가 새롭다.

지나간 세월을 반추해 본다.

처음으로 일자리를 얻어 이곳과 인연을 맺었으니 꽤 오랜 세월이 흘렀다. 그때는 나무로 얼기설기 엮어 만든 섶다리가 놓여 있었다. 건너다가 맞은편에서 오는 사람과 마주치기라도 하면 비켜서느라 애를 먹었던 기억이 되살아난다. 그나마 다리가 있었기에 망정이지, 강물이 불어나 그마저 떠내려 가버리면 바지를 걷어 올리고 건너야 했었다. 하지만 그쯤은 아무것도 아니었다. 다들 넉넉한 인정으로 나를 감싸주었으니까. 출장을 다녀도 도시락이나 잠자리를 걱정할 필요가 없었다. 만나는 사람마다 자기네 집에서 먹이고 재워주려고 나섰다. 얼마가 지난 뒤에 알았지만, 무엇인가 얻어들을 게 없을까 해서 허기져 있던 터였다. 그럴 것이, 그 시절 바깥소식을 들을 수 있는 유일한 수단이 라디오였는데, 외진 마을인지라 그것을 가진 사람이 고작 두세 집 정도였다. 그래서 밤이 깊으면 푸짐한 먹거리를 앞에 놓고 둘러앉아서 이야기꽃을 피우곤 했었다. 그런 만남과 나눔을 통해서 사람살이에 진정 소중한 것이 무엇인가를 깨우칠 수 있었다.

그 시절 강물은 내게 있어 가까운 벗이었다.

처음으로 경험해 보는 농촌생활이 따분했다. 무엇보다도 대화를 나눌 만한 가까운 벗이 없었다. 짬이 나면 강물을 따라 걸었다. 큰소리로 노래를 부르거나 좋아하는 시를 읊조리기도 하면서. 때로는 실팍한 돌멩이를 던져 물수제비를 뜨면서 장난을 걸어도 싫어하지 않고 받아주었다. 그런가 하면 주체할 수 없는 젊음의 열기에 휩싸여 고민하고 괴로워하면서 몸부림칠 때도 있었다. 강물은 내 편에 서서 고뇌와 갈등을 다독여주기도, 내 마음속에 평화와 새로운 용기를 북돋워주기도 했었다. 그런 고비를 넘기면서 내 삶은 조금씩 틀을 갖출 수 있었다.

강 마을 사람들은 언제나 마음이 푸근했다.

그 시절 농촌의 가장 큰일은 모내기였다. 천수답에 목을 매는 사람들이 부지기수였던 시절, 하늘바라기를 하면서 물 걱정으로 애를 태우기 일쑤였다. 그래도 강기슭에 사는 사람들은 느긋했었다. 때맞춰 논배미마다 그득하게 물을 잡고, 일손을 주선해서 모를 심었다. 들판은 하루가 다르게 그 빛깔이 바뀌었고, 마침내는 온통 푸른빛으로 뒤덮였다. 보기에도 좋았다. 저마다의 마음 또한 농사의 반을 끝냈다는 안도와 함께 풍년 농사에 대한 기대로 마냥 즐거웠다. 그러나 한 해의 농사는 우순풍조에 달렸다며 겸손한 마음을 잃지 않았다. 지성이면 감천이라고, 드디어 들판이 누렇게 변해 갈 때쯤이면 먹지 않아도 배가 불렀다. 더러는 아이들의 등록금이며 하숙비를 미리 셈해 보거나 혼처를 수소문해 보기도 했었다. 농사가 삶의 근본이라고 믿었던 사람들.

강물은 사람살이의 소중한 지혜를 일깨워 준다.

강물은 위에서 아래로 흐른다. 작은 것이 모여 큰 것을 이루고, 억지나 잔꾀를 부리지 않으며, 길이 멀다고 해서 샛길이나 지름길을 찾지도 않는다. 흐르다가 바위를 만나면 돌아서 갈 줄 알 뿐더러 같은 곳을 두 번 흐르지도 않는다. 물은 바위보다 강하지만 맞서 싸워 이기려 하지 않는다. 쓸데없이 많은 시간을 허비하면서 힘을 쏟아 다투려 하지 않는다. 언제나 낮은 곳에 머물러 있으면서도 불평하거나 거부하지 않는다. 그래서 사람들은 강물을 바라보면서 삶의 여유를 되찾거나 순리와 조화의 이치를 생각해 보기도 한다.

강물 속에는 또 다른 강물이 있다.

강물도 처음에는 산골짜기의 작은 옹달샘에서 발원한다. 물줄기는 흐르면서 개울을 이루고, 그것이 이웃을 만나 시냇물이 되고, 다시 강물이 된다. 가만히 귀를 기울이면 어깨동무를 지어 두런두런 이야기를 나누는 소리를 들을 수 있다. 남쪽의 물과 북쪽의 물이, 동쪽의 물과 서쪽의 물이 얼싸안고 웃는 소리도 들을 수 있다. 그러다가 마침내는 바다로 흘러 들어간다. 저들은 나 아닌 다른 것들을 받아들여 하나 되는 이치를 들려주고, 나아가 사람살이의 지혜를 일깨워 주기도 한다.

슬기로운 사람은 물을 좋아한다고 했다. 흐르는 물처럼 사리에 막힘이 없다는 뜻이다. 글쓰기도 이 같은 이치에서 벗어날 수 없다. 너나없이 하나의 주제를 가지고 깊이 고뇌하고 사유하는 가운데 얻어진 생각을 아름다운 문장으로 표현하려고 궁리한다. 이때 잔재주가 끼어들거나 억지를 부리게 되면 그 흐름이 자연스럽지 못해 좋은 글을 얻을 수 없다. 꽃도 저절로 피고, 새도 저절로 운다. 나아가 역사의 수레바퀴도 억지로 돌리려 하면 마찰과 혼란이 일어나게 마련이다. 이것이 진리이다. 나는 진실이 담긴 한 편의 글을 얻기 위해 끝없는 대화는 물론, 끊임없는 영혼과의 교감을 이어가려고 애쓴다. 강물은 영감의 원천이 되기도 한다. 비단 나만이 아닌 듯싶다. 브라질의 시인 마누엘 반데이라도 이렇게 노래하고 있다.

깊은 밤 고요히 흐르는/ 강물과도 같아라/ 밤의 어둠을 두려워하지 않아/ 하늘의 모든 별을 제 물결에 비추고/
하늘이 구름에 가리면/ 구름 또한 물 같고 강 같아/ 흔쾌히 그들을 비추리/ 깊고 깊은 침묵 속에서.

강물이 언제나 온순한 것은 아니다. 한번 화를 내면 무섭다. 땅 위의 모든 것을 삽시간에 쓸어버리거나 떠내려 보내기도 한다. 땀 흘려 애써 가꾼 농작물이며 짐승들을, 삶의 보금자리인 주택이며 토지를, 크고 작은 공장이며 시설물들을,

심지어 마을이나 도시 전체를 흔적도 없이 뭉개버린다. 지금까지 숱한 참상을 목격한 바 있지만, 이번에도 예외가 아니었다. 전답이 매몰되고, 주택이 흔적도 없이 쓸려내려 가고, 시설물들이 부서져 내려앉고, 마을이 물 속에 잠겨버렸다. 먹을 물이 없어 쩔쩔매고 있는 사람들의 모습이 안쓰럽다. 임시로 마련한 궁색한 거처에서 새우잠을 청하고 있는 어린 것들과 노인들의 모습이 눈물겹다. 숱한 사람들이 죽었고, 가족의 생사를 알지 못해 애태우고 있다. 크나 큰 재앙이라 하지 않을 수 없다. 사람의 편의에 따라 마음대로 물길의 흐름을 바꾸거나 가로막고, 온갖 쓰레기와 몹쓸 화공약품을 마구잡이로 내다버리는 오만함에 대한 강물의 분노이자 경고라는 생각을 떨쳐버릴 수 없다. 치산치수가 나라를 다스리는 요체라 하였거늘.

강물은 나누고 베푸는 데 인색하지 않다. 차별하지도 않는다. 발원지인 산골짜기의 조그마한 옹달샘에서 바다에 이르기까지 골고루 나누어준다. 생명을 가진 것들이 목마르지 않도록 아낌없이 베푼다. 풀과 나무들이 자랄 수 있도록 해주고, 짐승과 사람들이 마실 수 있도록 해주며, 아름다운 풍경을 만들어 주기도 한다. 그로 해서 강기슭은 언제나 풍요롭다. 잠시나마 고단한 일상에서 벗어나 즐길 수 있도록 쉽터를 제공해 주거나 사람살이의 지혜를 들려주기도 한다. 그뿐이랴. 어떠한 경우에도 결코 흐름을 멈추지 않는다. 하지만 그 고마움이나 신비함에 대해 깊이 생각해 본 적이 별로 없다. 부끄럽다. 지혜로운 사람이 이르기를 '사람살이는 강물과 같다'고 하였다. 그 의미를 음미하면서 오래도록 더불어 흘러갈 수 있었으면 좋으련만. (2006)

가을의 전설

아침저녁 살갗에 와 닿는 바람이 싸늘하게 느껴진다.

가을인가 보다. 절서는 자연의 이치일 테지만, 그래도 한낮의 볕이 싫지 않은 걸 보면 여름에 대한 미련이 아직 남아 있는 듯싶다. 들판에 서 있는 이삭들도 그런 것 같다. 더구나 장마와 가뭄에 시달린 늦둥이가 탱탱하게 여물자면 조금 더 기다려야 한다. 우리네 사람살이 또한 같은 이치일 터, 어설픈 내 모습이 제대로 여물자면 얼마나 더 기다려야 할까. 아득하다.

가을은 풍성한 수확을 기대하는 계절이다.

이른 봄부터 씨 뿌리고 물주면서 정성 들여 가꾼 작물의 소출을 거둬들이는 때이다. 다들 오뉴월 뙤약볕도 마다하지 않고 땀 흘리며 농사를 지었다. 하지만 그 가운데는 알곡이 있는가 하면 쭉정이도 섞여 있게 마련이다. 이 같은 쭉정이가 가을의 기쁨을 반감시키기 일쑤지만, 더러는 헛수고를 한 것 같다며 속상해 한다. 풍성한 수확을 바라던 기대가 허망하게 무너졌기 때문이리라.

선조들이 이르기를 '농사의 일곱은 하늘이 짓고, 셋은 사람이 짓는다'고 했다. 그 까닭은 가뭄이다, 홍수다, 태풍이다, 충해다, 냉해다 해서 사람의 힘으로는 어찌할 수 없는 예기치 못한 일들이 밀어닥치기 때문이다. 그래서인지 무슨 좋은 일이 예상되더라도 언제 운명의 해코지가 있을지 몰라 호사다마라며 자제하려고 애쓴다. 같은 마음에서, 아무리 풍년이 들어도 풍년이라고 입방아 찧는 것을 삼간다. 선조들은 그만큼 자연 앞에 겸손할 줄 아는 미덕을 지녔었는데…….

가을은 마음을 가라앉혀 생각을 모으는 계절이다.

분주함이나 수다스러움에서 벗어나 자신을 돌아보기에 알맞은 시절이다. 여름내 지고 온 분노며 탐욕이며 어리석음 따위를 잠시 내려놓고 마음을 가볍게 정신을 맑게 하는데 안성맞춤이다. 타오르는 불길을 잠재우고, 때 묻고 더럽혀진 것들을 털어 내고, 잃어버렸던 자신을 되찾을 수 있다. 가난한 이웃이나 실의에 빠진 사람들을 배려하는 겸손함을 배울 수 있다. 나와 다른 생각을 이해하고, 상대방을 받아들이는 너그러움의 지혜를 터득할 수도 있다. 이 같은 삶에 대한 깊이 있고 따뜻한 성찰을 통해 성숙해지는 것이다. 과일에 단맛이 깊어지듯. 하지만 여전히 나와 다른 생각을 용납하지 못하거나 아집을 버리지 못해 안절부절못하는 사람도 없지 않다.

철이 지나도 익지 않은 과일이 있듯이 나이가 들어도 덜된 사람이 있다. 그로 미루어 보면, 나이가 든다는 것과 성숙해진다는 것은 상관이 없는 것 같다. 성숙해진다는 것은 보고 듣고 생각하는 데 아무런 구애도 받지 않는 마치 가을 들녘 같은 넉넉한 마음을 두고 이르는 말일 성싶다. 적당히 타협할 줄 알고, 모른 척 눈감아 줄줄 알고, 대충 넘어가는 방법도 터득하고……. 벼도 익을수록 고개를 숙이거늘 하물며 사람에 있어서야. 그런가 하면 사람의 한살이는 향기롭게 썩어 가는 흙이어야 한다고 말한 이도 있지만, 결코 쉬운 일이 아니다. 더구나 세상은 많고 많은 사람들이 함께 살아가는 곳이다. 그래서 상대방을 이해하고 배려하는 가운데 더불어 살아가려고 애쓰는 모습은 아름답다.

가을은 조상을 받들고 혈육의 정을 도탑게 하는 계절이다.

옛날 효자들은 부모가 돌아가면 삼 년 동안 무덤 옆에서 시묘살이를 했었다. 또한 명절마다 차례를 받들고, 사시사철 성묘를 빠뜨리지 않았었다. 봄이 되면 청명에, 여름이 되면 중원에, 가을이 되면 추석에, 겨울이 되면 동지에 눈을 쓸고 성묘를 했었다. 하지만 지금은 많이 달라졌다. 청명과 추석, 그리고 제삿날에 성묘를 하는 게 고작이다. 하기야 그마저도 제대로 실행하지 못하는 세태가 되어 가고 있지만, 추석 무렵에 벌초만은 빠뜨리지 않으려고 애쓰는 게 우리네 모습이다.

벌초를 하기 위해 고향에 다녀왔다.

여기저기 흩어져 있는 산소가 적지 않다. 벌초꾼들을 모으기가 쉽지 않다. 다들 먹고산다는 일로 해서 분주하다. 그렇다고 해서 얼마간의 돈을 주고 남의 손을 빌리자니 자손으로서의 도리가 아니라는 생각 때문에 선뜻 용기가 나지 않았다. 어렵게 날을 잡았다. 막상 산에 가보니 숲이 우거져 길을 찾기조차 만만찮았다. 더구나 올 여름의 긴 장마로 해서 패이고 무너져서 어림짐작으로 헤맨 끝에 간신히 묘소를 찾았다. 모처럼 피붙이끼리 어울려 윗도리를 벗어놓고 흠씬 땀을 흘리고 나니 기분이 좋았다. 집안일에 관한 이야기로 열기가 달아올랐다. 시원한 음료수와 몇 잔의 술이 분위기를 한껏 고조시켰다. 조상을 받든다는 것은 단순한 의례를 넘어 피붙이들이 뿔뿔이 흩어지지 않도록 다잡을 수 있는 계기가 되기도 한다는 생각이 들었다.

한가위 풍속도가 많이 달라졌다.

송편 빚는 집이 그리 많지 않다. 마당에 소댕을 걸어놓고 여인네들이 둘러앉아서 부침개를 부치는 광경을 구경하기 힘들다. 심지어 차례상에 올리는 음식마저 바깥에서 맞추는 꼴사나운 모습이 돌림병처럼 번지고 있다. 뿐이랴. 농촌에 가도 소담스런 박 덩이를 구경할 수 없고, 들판에서 고추잠자리를 잡는 아이들이 보이지 않고, 따로 명절빔을 사 입히는 집도 드물다. 그런가 하면 귀성이 거듭될수록 고향집 식구와 고향마을의 이웃이 줄어들고, 차례 자리에 있어야 할 가족 또한 나날이 줄어든다. 그뿐이랴. 고향의 가을을 익살맞게 노래하던 시인도 가고 없다. 그가 남긴 시를 옮겨 적는다.

반짝반짝 하늘이 눈을 뜨기 시작하는 초저녁
나는 자식놈을 데불고 고향의 들길을 걷고 있었다.

아빠 아빠 우리는 고추로 쉬하는데 여자들은 엉덩이로 하지?

이제 갓 네 살 먹은 아이가 하는 말을 어이없이 듣고 나서
나는 야릇한 예감이 들어 주위를 한번 쓰윽 훑어보았다. 저만큼 고추밭에서

아낙 셋이 하얗게 엉덩이를 까놓고 천연스럽게 뒤를 보고 있었다.

무슨 생각이 들어서 그랬는지
산마루에 걸린 초승달이 입이 귀밑까지 찢어지도록 웃고 있었다.

— 김남주의 「추석 무렵」 전문

그냥 웃어넘길 이야기가 아니다. 이제는 고향도 고향 같지 않고, 우리네 아름다운 풍속 또한 전설처럼 아득히 멀어져 간다. 왠지 허전해진다.

파란 하늘을 이고 뜰에 서 본다.

가을의 정취가 무르익어 가고 있다.

이파리들이 고운 옷으로 갈아입을 채비를 하고 있다.

그 동안 먹고산다는 일에 쫓기느라 다 말라버린 우리네 마음에도 고운 단풍 물이 들 것이다. 맑고 깨끗하고 어딘지 모르게 애틋해지는 분위기를 느끼게 된다. 문득 그리운 사람들의 모습이 아른거리고, 만나서 들길을 걸으며 도란도란 이야기라도 나누고 싶어진다. 어느새 낌새를 채고 코스모스가 사뿐사뿐 걸어오고 있다. 아, 낭만의 계절이다.

(2006, 죽순)

바닷가, 언덕 위에 하얀 집

미국에 살고 있는 딸아이가 휴가를 나왔다. 몇 해만에 어려운 나들이를 한 탓일까, 집안에 훈기가 돌았다. 여기저기서 전화가 걸려오고, 덩달아 아내의 손길도 분주하게 움직였다. 아이가 좋아하는 음식이며 먹거리를 장만하고, 편안하게 머무를 수 있도록 방을 꾸미는 데 정성을 쏟았다. 더구나 아이가 채식주의자라서 신경을 많이 쓰는 듯 보였다. 두 언니와 딸린 식구들도 덩달아 신바람이 나는 것 같았다.

바다가 내려다보이는 '언덕 위에 하얀 집'을 찾아 나섰다.

포항을 지나 영덕으로 향했다. 칠포 해수욕장을 지나서 조금 더 가면 된다고 했다. 처음 가는 낯선 곳이라서 몇 차

레나 길을 물어야 했지만, 듣던 대로 전망이 좋은 집이었다. 한동안 바라보고 서 있었더니 가슴이 확 트였다. 인적이 끊어진 탓인지 조금은 고즈넉하다는 생각이 들었으나 이내 겨울바다의 아름다운 풍광에 마음을 빼앗겼다. 주변에 모래톱과 소나무와 억새가 무리 지어 있어서 산책하기에 좋은 곳이었다. 아이들도 환호성을 터뜨리며 좋아했다.

우리 집에는 딸만 셋이다. 그 가운데 둘은 출가해서 외손을 보았으나 막내는 아직 혼인을 하지 않아서 외톨이다. 우리네 관습으로 보면 결혼 적령기를 넘긴 지 오래지만, 정작 아이는 심드렁한 표정이다. 그런가 하면 미국에서 전문 직업인으로 분주하게 활동하느라 사고며 행동이 미국 사람들을 닮아 가고 있다. 가족과 함께 어울릴 기회도 드물다. 우리 내외는 이래저래 신경이 쓰인다. 그래서 모처럼 휴가를 나왔으니 아름다운 추억을 많이 만들어야 한다며 겨울바다를 찾아 나섰다.

바람이 차가웠다. 옷을 껴입고 어둠이 짙게 깔린 마당으로 내려섰다. 이름 모를 별들로 수놓아진 하늘이 참으로 아름다웠다. 아, 얼마 만에 쳐다보는 밤하늘인가. 아이들도 신기한 듯 노래를 부르며 왁자지껄하게 떠들었다. 한동안 그렇게 서성거리다가 저만치 보이는 불빛을 향해 걸었다. 숲 속에 자리 잡고 있는 찻집이었다. 홀 한가운데 장작불을 피워 놓아서 한층 멋스럽게 느껴졌다. 아이들은 군고구마 생각이 난다고 했다. 둘러앉아 차를 마시며 이야기꽃을 피우느라 일어설 생각을 하지 않았다. 내일 아침에 해돋이를 보려면 일찍 자야한다고 달랬다.

잠자리를 이리저리 나누었다. 하지만 외손자와 외손녀가 서로 이모 곁에서 자겠다고 고집을 부렸다. 그러면서 하는 말이 맹랑했다. “우리는 한가족인데 함께 자야지 뭐.” 이제 겨우 초등학교에 다니는 어린아이의 말이라고 믿어지지 않았다. 실랑이 끝에 거실과 방 사이에 있는 문을 열어 놓고 어른 아이 할 것 없이 함께 자기로 했다. 하지만 쉬이 잠을 이룰 수 없었다. 아이들이 웃고 소곤대고, 이리저리 옮겨 다니느라 소란스러웠다. 문득 내 어릴 적 생각이 떠올랐다. 집안에 잔치가 있거나 제사가 들면 손님이 많았다. 그 많은 사람들이 조그만 집에서 하룻밤을 지냈다. 남정네들은 남정네들끼리 아낙네는 아낙네들끼리 어울려서 잠자리를 정했고, 아이들은 아무 데나 끼어들어 잤다. 더러는 아예 잠자기를 포기하고 술잔을 기울이기도 했다. 그래도 마냥 즐거웠다.

그 동안 몇 차례 동해안으로 여행을 다녔지만 해돋이를 보지 못했다. 그래서 이번에는 해돋이를 볼 수 있었으면, 하는 바람이 간절했다. 더구나 며칠만 있으면 새해가 되는 데, 앞당겨 새해맞이를 하는 셈치고 가족이 함께 마음을 다잡아 보고 싶었다.

커튼을 열고 바다를 내다보았다. 희뿌연 하늘과 거무스레한 바다와 조금 짙게 보이는 소나무가 묘한 조화를 이루었다. 마치 한 폭의 수묵화를 보는 듯했다. 두툼하게 챙겨 입고 바닷가로 나왔다. 동트기 전의 풋풋한 공기와 신비스러움에 빠져 말없이 걸었다. 귀를 열고 가슴을 열었다. 간단없는 파도소리가 내 귀에 닿는가 하면 가슴에 와서 부딪쳤다. 마침내 새벽과 바다와 나는 하나가 되었다. 동쪽 하늘에는 아무런 기미도 보이지 않고, 과연 해돋이를 볼 수 있을까 싶어 조바심이 났다.

드디어 구름 사이로 불그스레한 기운이 서리기 시작했다. 갈매기들도 천천히 원무를 펼치며 하루를 열었다. 이제 곧 동이 틀 것이다. 오늘은 장엄한 해돋이를 볼 수 있을 것 같아 가슴이 설렜다.

아이들을 깨웠다. 다함께 동쪽 하늘을 바라보았다. 붉은 기운이 점점 짙어지더니, 저 멀리 바다 위에 아씨의 눈썹 같은 모습을 드러내기 시작했다. 아직은 불그스레한 빛일 뿐이었다. 새들과 나무와 온갖 생명들이 기지개를 켜며 술렁거렸다. 해는 점점 밝은 빛을 더하며 벌겋게 달아오르는가 싶더니, 한순간에 훌쩍 치솟아 환하게 빛을 발하며 이글거렸다. 찬란하다 못해 장엄했다. 모두들 손을 모았다.

이제 곧 새해가 된다. 숱한 사람들이 해맞이를 위해 동해안으로 몰려 올 것이다. 그리하여 저마다의 소원을 빌 것이다. 하지만 올해는 환하게 웃는 해를 보지 못할 것이라는 예보가 있었다. 그래서 우리 가족이 장엄한 해돋이를 볼 수 있었던 것은 행운이자 큰 축복이라는 생각이 들었다. 만사형통, 소원 성취라는 글귀가 떠올랐다.

집안이 화목하면 모든 일이 잘 된다고 했다. 하지만 살다보면 다투거나 미워하고 원망할 때도 있게 마련이다. 그렇다고 해서 언제까지나 미움이나 원망의 대상일 수 없다. 가족이란 고단한 일상, 답답한 현실에 부대끼느라 힘들고 어려울 때 하소연하고 의지할 수 있는 사람들이다. 크고 작은 허물을 감싸주는가 하면 잘못을 용서해 주고, 시련이나 좌절에서 벗어나 다시 일어설 수 있도록 용기를 북돋워 준다. 뿐만 아니라 신체적인 장애가 있거나 투병생활을 하고 있는 가족을 지극 정성으로 보살펴 주고, 심지어 집을 뛰쳐나간 가족을 위해 기도하는 가장 가까운 피붙이들이다. 또한 가정은 삶의 보금자리이자 든든한 피난처이다. 믿음과 사랑과 평화의 성

채이기도 하다. 한세상 산다는 일이 간단치 않지만 식구들이 흐트러지지 않도록 지켜 주고, 저마다의 꿈을 이룰 수 있도록 따뜻하게 이끌어 주는 곳이다. 비록 가난한 살림일지라도 가족의 끈끈한 정을 느낄 수 있고, 행복의 실체를 확인할 수 있으며, 웃음과 희망의 불씨가 살아 있는 데가 가정이다. 그래서 가족은 존재 그 자체만으로도 힘이 된다. 가족과 함께라면 두려울 게 없다.

아내는 못내 아쉬워하면서 눈시울을 붉혔다.

딸아이는 뒤돌아보지도 않고 또박또박 걸어 나갔다.

만남이 설렘으로 다가온다면, 헤어짐은 언제나 마음을 무겁게 하면서 멀어진다. 더구나 피붙이끼리 오랜만에 만났다가 헤어지는 자리여서 짠한 마음을 금할 수 없었다. 하지만 어쩌랴. 또 다른 만남을 기약하면서 떠나보낼 수밖에. 우리 내외는 선뜻 돌아서지 못하고 한동안 그 자리에서 머뭇거렸다. 슬며시 아내의 손을 잡아끌었다. 신호등에 걸려 기다리는 동안, 하늘을 바라보니 조금 전에 이륙한 비행기가 고도를 높이고 있었다. 막내야, 편안하게 잘 가거라. (2006)

사람이 제일 귀하지, 그렇지

따분하고 지겨워서 죽을 맛이다.

감기를 이기지 못해 보름째 시달리고 있다. 상비약이나 먹으면서 몸을 보살피면 곧 낫겠지, 하고 시답잖게 여겼다가 큰코다친 셈이다. 심한 기침에다 머리가 지끈지끈 아프고, 몸살 기운까지 겹쳐서 마침내 입맛마저 떨어졌으니 엎친 데 덮친 격이라고나 할까. 병원과 한의원을 번갈아 들락거려도 차도가 없다. 기진맥진 상태에 빠졌다.

딸아이가 외손자를 데리고 문병을 왔다.

무료하던 참이어서 반가움이 더했다. 조손동락이라고, 한나절을 심심찮게 지냈다. 그러나 어린것이 집안을 휘젓고 다니는 통에 신경이 쓰였다. 이제 겨우 네 살이니 그야말로

천방지축이다. 이것저것 가릴 것 없이 들쑤셔 놓는가 하면, 전자제품이며 오디오의 스위치를 마구잡이로 눌러대는 바람에 비상벨이 울려 한바탕 소동이 벌어지기도 했다. 어른들이 달래고 말려도 막무가내였다. 참다못해 머리통에다 꿀밤이라도 쥐어박으려고 일어서다가 문득 이전에 들은 이야기가 떠올라 주저앉고 말았다.

지인 가운데 나와 취향이 비슷한 사람이 있다.

그는 골동품과 서화작품을 수집하는 취미를 가지고 있는데, 감식안 또한 상당한 수준이다. 뿐이랴. 마음에 드는 물건이 나오면 집문서를 잡히고도 손에 넣어야 직성이 풀리는 대단한 열정을 가진 사람이기도 하다. 실제로 희귀한 것 값진 것을 꽤나 가지고 있지만 좀처럼 남에게 보여주지 않는다. 하루는 초등학교에 다니는 손자가 와서 놀다가 아끼던 청자 항아리를 깨뜨리고 말았다. 순간, 화가 나서 앞뒤를 가릴 겨를도 없이 귀싸대기를 올려붙이고 말았다. 한동안 침묵이 이어졌고, 눈물을 흘리던 손자가 "할아버지는 이 항아리가 나보다 더 소중합니까?" 하면서 울먹이더란다. 아차 싶어 우두커니 창밖을 바라보다가 슬며시 자리를 피했다고 하던가.

손자가 하던 말이 마음속에 응어리로 남았던 모양이다. 그러다가 겨울방학을 맞아 손자를 데리고 단 둘이서 일본 여행을 다녀왔다고 했다. 마음속의 응어리를 지우려는 의미도 있지만, 왜 우리가 옛사람들이 쓰던 물건들을 소중하게 여기고 갈무리해야 하는지 스스로 깨닫게 해주고 싶었던 것 같다. 몇 군데 박물관을 돌아보면서 유물들에 관하여 자상하게 설명해 주면서 사람이 살아가는 이치에 관해서도 많은 이야기를 들려주었다고 하던가. 의미 있는 여행을 했다며 치하했더니, "할아버지의 깊은 뜻을 헤아리기나 할는지 ……." 하면서 말을 아꼈다.

몸이 불편하니 하루를 사는 일 또한 고달프다.

집안을 서성거리다가 드러눕고, 일어나 앉아 다른 소일거리를 찾아보기도 한다. 창밖의 풍경을 바라보다가, 책을 끌어당겨 뒤적거리며 시간을 보내고, 그러다가 또다시 창밖으로 눈길을 돌려보지만 그 느낌은 사뭇 다르다. 처음에는 기쁨으로 다가오지만 조금 지나면 시간 보내기에 지나지 않는다. 만사가 귀찮고 짜증스럽다. 이리저리 몸부림을 치다가 평소에 잘 보지 않던 티 · 비를 켰다. 화재에 관한 뉴스 속보를 보았다.

국가기관인 여수출입국관리사무소에 화재가 났다.

그곳에 수용되어 있던 외국인 10여 명이 한꺼번에 목숨을 잃었다. 몇 푼 벌어보겠다고 낯선 땅에 왔다가 참변을 당하고 말았다. 그런데 유가족들의 하소연을 듣고 보니 선뜻 이해할 수 없는 부분도 있었다. "사람이 죽었으면 제때 연락이라도 해주어야지, 어떻게 연락도 없습니까. 우리는 사람도 아닙니까?" 그 사람들도 뉴스를 보고서야 알게 되었다며 울분을 쏟아놓았다. 아무튼 부끄러운 일이 아닐 수 없다. 비록 불법 체류자라 할지라도 우리네와 같은 사람이다. 세상에 그 무엇보다 소중한 것이 사람의 생명이다. 또한 사람 위에 사람 없고 사람 아래 사람 없다는 데, 지금 우리가 남을 얕볼 처지인가. 올챙이가 개구리 된 지 몇 해나 되었다고.

문득 이전에 읽었던 이야기가 떠올라 서가에서 책을 뽑아 들었다. 여기저기 밑줄을 그어 놓은 곳이 눈에 뜨였다. 이규보가 쓴 「이와 개 이야기」라는 글인데, 대충 옮겨보면 이렇다.

— 어떤 객이 나에게 말했다.

"어제 저녁에 한 불량한 사람이 큰 몽둥이로 개를 때려잡는 것을 보았는데, 하도 불쌍해서 여간 마음이 아프질 않았네. 그래서 이후부터는 개나 돼지고기는 먹지 않기로 했네."

— 내가 말했다.

"어제 어떤 사람이 이글거리는 화로를 끼고 앉아 이를 잡아 태워 죽이는 것을 보았는데, 내 마음이 아프지 않을 수 없었네. 그래 다시 이를 잡지 않기로 했네."

— 객이 좀 언짢은 듯이 말했다.

"이라는 놈은 한낱 미물이 아닌가. 나는 큰 짐승이 죽는 것을 보고 불쌍해서 말한 것인데, 자네가 그렇게 말한다면 나를 놀리는 게 아닌가."

— 내가 다시 말했다.

"무릇 혈기를 가진 것은 사람으로부터 소·말·돼지·양·벌레·개미에 이르기까지, 살기를 원하고 죽기를 싫어하는 마음은 한가지일세. 어찌 큰놈만 죽기를 싫어하고 작은놈은 그러지 않겠는가. 그런즉 개와 이의 죽음은 서로 다른 것이 아닐세. 그래 이라는 놈을 들어 비교를 삼은 것이지 어찌 자네를 놀리려고 한 말이겠는가.

자네가 내 말을 믿지 못하겠거든 자네의 열 손가락을 깨물어 보게. 엄지손가락만 아프고 나머지는 아프지 않겠는가. 한 몸의 각 부분들은 그 크고 작음에 관계없이 골고루 피와 살이 있으므로 아픔에 다름이 있을 수 없는 것일세. 그러니 각각 목숨을 받은 것으로서 어찌 한 놈은 죽음을 좋아하고 한 놈은 싫어하겠는가?

자네는 물러가 조용히 생각해 보게. 그리하여 달팽이뿔을 쇠뿔과 같이 보고, 메추리를 대붕과 같이 보도록 하게. 그런 뒤라야 나는 자네와 도를 말하겠네."

— 정진권이 옮긴 「고전산문을 읽는 즐거움」 가운데서

사람의 생명을 대수롭잖게 여기는 풍조가 만연하고 있다. 죽고 죽이는 것을 예사로 여긴다. 하루가 멀다 하고 사고로, 그것도 대형 사고로 많은 사람이 한꺼번에 죽는다. 스스로 죽음을 선택하는 사람들도 나날이 늘어나고 있다. 그런가 하면 생명을 복제하는 기술까지 개발되었다. 인간의 존엄성이 허물어졌다고 탄식하고 있다. 세상만사의 근본은 사람이다. 말씀에도 이르기를, 천지만물을 창조하시고 난 뒤에 마지막으로 사람을 만들어 이 모든 것을 다스리라고 하였다. 이는 곧 사람이 주인이라는 뜻이 아니겠는가.

우리네 살아가는 모습을 생각해 본다.

사람 사이에 귀천이 엄연한 사실로 굳어졌다.

사람살이가 매우 고단해졌다. 여차하면 출신이며 배경이며 인연을 따지려 드는 판에 주눅들기 일쑤이다. 때에 따라서는 태어난 나라, 살고 있는 지역, 피부 색깔, 학벌이나 재산, 하고 있는 일 따위를 잣대로 삼아 사람을 평가하려 들기도 한다. 심지어 가장 순수하고 아름다워야 할 창작활동을 하고 있는 문화 예술인들조차 오늘의 비뚤어진 시류에 휩쓸리고 있다. 석수장이 눈깜짝이부터 배운다는 말마따나 처음부터 잔재주를 부리면서 패거리를 만들기에 분주하고, 무엇인가 조금 알 만하면 오만과 편견에 사로잡혀 허명놀이에 빠져들고, 그러다가 비웃음이나 지탄의 대상이 되는 사람들도 적지 않다.

내 글쓰기 작업을 다시 생각해 본다.

사람이 되는데 필요한 마음공부부터 다시 해야겠다.

사람이 제일 귀하다는 생각, 생명을 두렵게 여기는 마음을 더욱 가다듬어야겠다. 아울러 마음속에 자리 잡고 있는 얼룩을 닦아내고 땟국을 지우는 데 힘써야겠다. 좋은 밭에서 풍성한 수확한다는 것은 변함없는 이치가 아니겠는가.

(2007)

한가롭고 담박한 삶

입춘을 맞았다. 명리학命理學에서는 이때부터 새해로 본다. 날씨가 따뜻해지기 시작하는 날이기 때문인데, 대문이나 문지방에 입춘방立春榜을 써 붙이기도 한다. 겨우내 칙칙하고 무거웠던 분위기에서 벗어나 무엇인가 변화를 구해 보려는 마음에서다. 나 또한 그 동안 걸어 두었던 그림이며 글씨 같은 것들을 바꿔 보고 싶은 충동을 느꼈다.

마음에 드는 글귀를 고르느라 한동안 고심했다.

'진정한 즐거움은 한가한 삶에 있다眞樂在閒居'는 글귀가 떠올랐다. 사재思齋 김정국金正國의 글이다.

그는 청빈하게 살다간 조선조 중종 때 선비였다. 기묘사화 때 조정에서 밀려났다. 그래서 은휴정恩休亭이란 정자를 짓고 서책과 벗하며 나날을 보냈는데, 은휴라는 정자 이름에는 임금님 덕택에 쉰다는 뜻이 담겨 있다. 그는 생활이 바뀌자 호를 새로 지었다. 여덟 가지 넉넉한 것이 있다는 의미로 팔여거사八餘居士라 했는데, 옛날 벼슬살이 할 때에 비하면 부족한 것이 많을 터인데도 오히려 넉넉하다고 자위하며 살았다. 자그마치 20여 년을 그렇게 지냈다. 그러다가 다시 조정의 부름을 받아 전라도 관찰사로 부임하였다.

갑작스런 불행과 가난은 사람을 황폐하게 만든다. 하지만 그는 자신에게 닥친 불행을 편안한 마음으로 받아들이며 사는 데 이력이 났다. 한번은 이웃 마을의 선비가 보낸 무료함을 위로하는 편지를 받고 진정한 즐거움은 한가한 삶에 있다며 답장 대신 시를 지어 보냈다. 그런가 하면 이미 늙어버린 그에게 부자 친구가 하나 있었다. 그 친구가 재물을 탐욕스럽게 모은다는 소문을 듣고 편지를 보냈는데, 꼭 필요한 물건으로 다음 열 가지를 꼽았다.

그대는 살림살이가 내보다 백 배나 넉넉한 데 어째서 그칠 줄을 모르고 쓸데없는 물건을 모으는가. 없어서는 안 될 물건이 있기야 하지. 책 한 시렁, 거문고 한 벌, 신 한 켤레, 잠을 청할 베개 한 개, 바람 통하는 창문 하나, 햇볕 쪼일 툇마루 하나, 차 달일 화로 한 개, 늙은 몸 부축할 지팡이 한 개, 봄 경치 즐길 나귀 한 마리가 그것이라네. 이 열 가지 물건이 많기는 하지만 하나라도 없어서는 안 되네. 늙은 날을 보내는데 이밖에 필요한 게 뭐가 더 있겠나.

옛사람들의 모습이 어른거린다. 애틋한 정서가 밴 선비들의 진솔한 삶을 떠올려본다. 언감생심인 줄 알지만 흉내라도 내보고 싶어진다. 비록 가진 것은 넉넉하지 못했어도 그들의 삶과 품었던 뜻에서 신선한 감동을 느낄 수 있어서다.

그 동안 짧지 않은 세월을 공직에서 일했다.

옛날 같으면 벼슬살이를 한 셈인데, 처음에는 단순히 먹고살기 위한 방편으로 들어섰다.

세월의 흐름에 따라 공인으로서의 본분을 배우고 익혔다. 봉사정신이며 책임의식이며 국가관 같은 것을 어렴풋하게나마 깨닫게 되었다. 승차를 거듭한 끝에 관리자의 자리에 올랐고, 지역 사회의 밑거름이 되리라 다짐하였다. 밤낮을 가리지 않고 일하느라 집안 일은 뒷전이었다. 마침내 한 지역의 책임자가 되었고, 지역 발전을 위한 밑그림을 그리면서 쉼 없이 일했다. 그만큼 시달렸고, 고민했고, 시행착오도 있었으나 성취의 보람도 누렸다. 크게 이루지는 못했지만 부끄러움이 없었다. 문득 이쯤에서 스스로 물러나는 것이 좋겠다는 생각이 들었다. 주위에서 만류가 없지 않았으나 훌훌 털고 자유인이 되었다.

자리에서 물러나니 한가로워서 좋다.

흔히들 하는 말이지만, 벼슬자리에서 물러나면 주위에 사람이 없다. 권한이 없을 뿐더러 자리에 있을 때 얽히고설킨 인연도 없으니 찾아오는 사람들이 있을 리 없다. 그런데다 호주머니 사정 또한 그리 넉넉하지 못하니 찾아와도 이득이 없다. 한마디로 별 볼일 없는 사람이지만 번거롭지 않아서 좋다. 다행스럽게도 밖에다 방을 하나 마련한 덕에 차를 우리고 서책이나 음악과 벗하며 지내기에 안성맞춤이다. 어쩌다 생각이 떠오르면 붓방아를 찧으며 씨름하지만, 지인들이 찾아오면 그마저 밀쳐놓고 청담방담을 나누느라 하루해가 짧다. 그런 대로 살아가는 재미가 쏠쏠하다.

분위기를 바꾸어 보고 싶었다.

입춘방이라도 써 붙이려고 서산荼山 권시환權時煥을 찾아갔다. 그와 나는 효정曉亭 권혁택權赫澤 선생 밑에서 서예 공부를 했다. 나는 고비를 넘기지 못하고 중도에 붓을 놓아버렸으나 그는 피나는 노력 끝에 뜻을 이루었다. 그런 저런 인연으로 해서 지금껏 가까이 지내는 사이다.

그는 우리네 서예계에서 우뚝한 존재이다.

대학에서 학생들을 가르치고 있다. 또한 크고 작은 공모

전의 운영위원 또는 심사위원으로 참여하고 있는가 하면, 미술협회 회장단의 일원으로 활동하고 있다. 뿐만 아니라 한·중 서법 교류에도 앞장서고 있다. 그러나 그가 걸어온 길은 순탄치 않았다.

젊은 시절 어느 정도 서예의 기본을 익혔다. 그런 뒤에 전국의 원로 대가들을 찾아다니며 서예의 비법을 배우고 익히려고 갖은 애를 썼다. 그 과정에서 좋은 것도 나쁜 것도 두루 보았을 뿐더러 좋은 것에서도 배우고 나쁜 것에서도 배웠다. 그렇게 죽을힘을 다해 자신의 서체를 만들어 보려고 몸부림쳤다. 글씨뿐 아니라 서법이며 전각에 이르기까지 폭넓게 공부하였다. 그뿐이랴. 서예의 기본이 되는 한문 공부도 게을리 하지 않았다. 하지만 설움도 많이 받았다. 전국 규모의 공모전이나 지역의 공모전에서 번번이 낙방의 고배를 마셔야 했다. 실력이 출중한데도 이끌어 주는 스승이 없고, 후원해 주는 단체에도 들지 못했기 때문이다. 예나 지금이나 크게 다르지 않지만, 우뚝한 스승을 만나거나 영향력 있는 단체에 들지 않고서는 빛을 보기가 어려운 게 예술계의 실상이기도 하다. 실력만으로는 안 된다. 그런 배경에서 만들어진 것이 기외묵림畿外墨林이라는 서예단체인데, 글자 그대로 서울과 경기지역을 제외한 각 지역의 뜻 있는 서예인들

모임이라는 데 의미가 있다.

세월의 흐름에 따라 그도 가르치는 자리에 있다.

그가 주장하는 것은 기본에 충실하라는 것이다. 여러 서체를 두루 배우고 익히되 중봉中鋒에 의한 엄격한 필법을 강조한다. 잔재주는 통하지 않는다. 서예는 느낌이 아니라 초월 그 자체라는 사실을 깨달았기 때문이리라. 그의 아들도 서예인의 길을 걷고 있다. 대학에서 서예를 공부하고 있는데, 그런 아버지가 두려워 다른 지역의 학교에 다니고 있다. 예외가 없다는 것을 대변해 주는 사례라고나 할까. 또한 그에게는 기벽이 하나 있다. 낮과 밤이 우리네와 정반대인 생활이다. 다른 사람들이 일할 때 잠자고, 잠잘 때 일어나 공부한다. 그 까닭을 들어보면 그럴싸하다. 낮에는 걸려오는 전화나 찾아오는 사람들이 많아서 제대로 몰입할 수 없다. 그래서 다들 잠든 밤에 일어나 집중해서 공부하려는 뜻이라 했다. 그 동안 살아오면서 깨달은 게 있어서 결심했을 테지만, 자신의 세계를 향상시키려는 꾸준한 노력 없이 이룰 수 있는 것은 아무것도 없다. 아무튼 서예에 대한 그의 열정과 노력은 남다른 데가 있다. 뿐이랴. 갑년을 바라보는 나이에도 자신의 길을 찾아 뚜벅뚜벅 걸어가는 모습이 보기에 참 좋다.

오늘 우리네 살아가는 모습으로 눈길을 돌려본다.

그리 길지 않은 한살이를 허둥지둥 쫓기듯 살아간다. 공부해야 하고, 가족을 보살펴야 하며, 먹고사는 일에 매달려야 한다. 거기다 더 많은 것을 얻기 위해 일을 떠벌리거나 여기저기에 이름을 올리기도 한다. 그로 해서 자신을 돌아볼 겨를이 없고, 사람살이의 궁극적인 목표가 무엇인지 생각해 보지 못한다. 그러다가 지쳐서 쓰러질 때쯤이면 후회와 함께 희미하게 정신이 든다. 여기가 어디쯤일까? 내가 왜 이러고 있는 걸까? 어떻게 살아야 할까?

사람살이의 진정한 즐거움이 어디에 있을까?

다들 권세를 손에 쥐고 호기를 부리고 싶어한다. 아니면 부자가 되어 아쉬운 것 없이 살고 싶어한다. 그와는 반대로 얽매임에서 벗어나 한가롭고 담박하게 살아가는 사람도 있다. 호사를 누리며 사는 것도 좋을 테지만, 한가롭고 담박하게 즐기며 사는 것도 괜찮을 성싶다. 하지만 마음을 다스리며 성품을 기르는 데 힘쓰는 것을 '한가한 사람'이라며 빈정대고, 책을 읽고 이치를 궁구하는 데 매달리는 것을 '따분한 사람'이라며 비웃기도 한다. 그러나 과연 그럴까?

한가로울 필요가 있다. 한가롭다고 하면, 흔히들 시간이 남아도는 것쯤으로 생각하기 일쑤지만 그건 잘못이다. 그것은 재충전을 위한 짬이요, 생활의 활력소 같은 것이며, 기쁨이나 즐거움이 들앉을 수 있는 마음속의 여백 같은 것이다. 또한 세상을 잊고 욕심을 지우며, 마음을 닦아 담박하게 살아가려고 애쓰는 모습, 바쁜 가운데서도 누리는 여유를 두고 이르는 말이기도 하다. 그래서 무료하고 권태롭다는 것과 다르다. 너나없이 '바쁘다 바빠' 소리를 입에 달고 다니지만, 매사는 마음먹기에 달렸다. 내가 내 마음의 주인이 되면 여유는 저절로 와서 깃들이는 법이다. (2007)

일상 속에 숨은 행복찾기

저만치 한 해의 끄트머리가 보인다. 말 많고 시끄러운 가운데 행복했던 날들도 있다. 머지않아 달력을 바꿔 걸어야 할 테지만, 그 전에 또 한 차례 시끌벅적한 말싸움에 시달려야 할 것 같다. 앞으로 5년 동안 이 나라를 이끌어 갈 지도자를 뽑는 일이 남았기 때문이다. 적임자라고 자처하는 사람들이 자그마치 열두 사람이나 된다. 그 가운데는 고개를 끄덕이게 하는 사람이 있는가 하면 짜증나게 하는 사람이 있다. 그런가 하면 '국민이 노망난 것 같다' '이상한 나라가 됐다' '유권자가 가짜가 된다'는 망언까지 서슴지 않는 사람들도 있다. 그렇게 말을 막 해도 되는지……. 아득하다.

가까운 사람 몇이서 산행을 나섰다.

한동안 말없이 걸었다. 겨울산을 찾는 사람들은 말수가 줄어들게 마련이다. 저마다 생각이 깊어지기 때문이다. 잠시

앉아 쉬는 동안 먹고사는 이야기가 쉬엄쉬엄 이어졌다. 날이 갈수록 사람살이가 버겁고 팍팍해진다고 했다. 자고 나면 오르는 물가에다 기름 값마저 오르니 서민들의 겨우살이가 걱정이라고 했다. 아이들 사교육비 부담에 허리가 휠 지경이라고 했다. 생업 또한 예외가 아니라고 했다. 가게에 손님이 줄어들고, 조그만 기업이지만 금리 부담이 만만찮다고 했다. 내년이면 대학을 졸업하는 아들을 둔 사람은 벌써부터 취업 걱정을 했다. 이야기는 '사는 게 재미없다'는 것으로 결말이 났다. 다들 표정이 어두워 보였다.

해가 바뀌어도 살림살이가 크게 나아질 것 같지 않다.

다들 '경제, 경제'하는 게 버릇처럼 되어 버렸지만 묘책이 있을 리 없다. 그도 그럴 것이 경제라는 게 한두 사람의 힘으로 해결될 간단한 문제가 아니다. 사회 전반에 걸친 문제와 맞물려 있을 뿐 아니라 나라와 나라 사이의 이해관계가 복잡해서 한쪽에서 기침하면 한쪽에서는 몸살을 앓는 형편이다. 원유를 비롯한 주요 원자재의 가격이나 환율의 변동 같은 것들이 뜻대로 되는 게 아니다. 그러니 경기를 되살리고 일자리를 늘리는 것도 말처럼 그리 쉬운 일이 아니다. 이럴 때일수록 스스로를 다스리는 지혜가 필요하다. 막연한 기대나 요행을 바라기 보다는 아끼고 줄이면서 이 고비를 견디어 내려는 진득한 마음가짐이 무엇보다 먼저다. 아울러 살아가는 모습도 달라져야 하리라.

'돈과 지위가 곧 행복'이라는 생각은 옳지 않다.

어쩌면 능률성과 편의만을 앞세우는 경제 논리에서 비롯된 것이라 할 수 있다. 나아가 우리네 사람살이를 고단하게 만드는 병폐들도 적지 않다. 하기야 경제적으로 넉넉하면 사람살이가 조금은 수월해질는지 모르지만, 반드시 그런 것도 아니다. 주위를 돌아보면 비록 가난한 살림이지만 환하게 웃으면서 즐겁게 살아가는 사람들이 있는가 하면, 그런 가운데서도 나누고 베풀면서 살아가는 사람들이 있다. 아무리 황금만능의 시대라고 해도 돈으로 해결할 수 없는 일들도 많이 있다. 설령 돈으로 사람은 살 수 있을는지 몰라도 사람의 마음까지 살 수는 없는 일이다. 사람살이는 그만큼 깊고 넓고 오묘하다. 돈과 지위, 그 자체만으로는 아무런 의미가 없다. 인식의 변화가 필요하다.

행복은 물질이 아니라 마음속으로 느끼는 감정이다.

그것들은 일상 속에 있다. 눈을 뜨면 마주치는 집안에, 이웃에, 일터에 널려 있다. 가슴과 마음에, 감정과 생각에 귀를 기울이면 얼마든지 있다. 자기가 하고 있는 일에 의미를 부여하면서 즐거운 마음으로 살아가는 사람은 행복하다. 안분

지족이라고, 가진 게 있으면 있는 대로 없으면 없는 대로 즐기면서 살아갈 일이다. 공연히 곁눈질하거나 남들과 비교할 필요가 없고, 서운해 하거나 부끄러워할 필요도, 다가올 미래에 대해 두려워하거나 불안해 할 필요도 없다. 흔히들 자신이 행복하지 못하다고 생각하는 것은 그 기준을 물질에 두고 있기 때문에 생기는 불만이나 상대적 열등감에 지나지 않는다. 보다 소박하고 단순하게, 그리고 감사하는 마음으로 살아가는 사람들은 나날의 삶이 즐겁고 행복하다. 말씀에도 '마음이 가난한 사람은 복이 있다' 하지 않았던가.

이렇게 살아가는 것도 좋지 않을까 싶다.

'이룩할 수 없는 꿈을 꾸고, 이루어질 수 없는 사랑을 하고, 싸워 이길 수 없는 적과 싸움을 하고, 견딜 수 없는 고통을 참고 견디며, 잡을 수 없는 저 하늘의 별을 잡자.' 시골 귀족 돈키호테의 말이다. 그는 뭇 사람들로부터 미쳤다는 말은 들었을지언정 비열하거나 천박한 사람이라는 비난을 듣지는 않았다. 오늘따라 그의 말이 새록새록 되살아난다.

(2007, 영남일보)

서

아름다운 세상

'가장 아름다운 여행은 창문을 통해 하는 것'이라는 말이 있다.

어디 마땅한 곳이 없을까, 하고 두리번거리다가 찻집으로 들어섰다.

창가에 자리를 잡았다. 창이 넓어서 밖을 내다보기에 좋은 곳이다. 개나리가 고운 빛깔을 뽐내고, 벚꽃도 화사한 모습으로 저를 사랑해 달라며 유혹하고 있다. 그 뒤로 목련이 의젓한 자태로 미소짓고 있다. 크고 작은 나무들의 가지가 볼록볼록하다. 저들 가운데는 잎눈도 있고 꽃눈도 있을 터, 이 봄을 얼마나 기다렸을까.

휴대전화기를 든 아가씨가 이야기를 하면서 걸어간다. 뒤

이어 자전거를 탄 남학생 둘이 지나간다. 장난을 하느라 자전거가 삐뚤거린다. 문득 지난날이 떠올라 '나도 저럴 때가 있었지' 하고 혼자서 웃고 만다. 운동복에다 모자를 눌러쓴 젊은 부부가 지나간다. 팔을 힘차게 흔들며 빠른 걸음으로 걷는 것으로 보아 운동을 나온 듯싶다. 요즈음 아침저녁으로는 말할 것도 없고, 짬만 나면 걷는 사람들이 많다. 젊은 아주머니가 커다란 가방을 들고 바쁜 걸음으로 지나간다. 허름한 작업복에 모자를 쓴 사십대로 보이는 남자가 기운 빠진 모습으로 걸어간다. 일터에서 밀려난 건 아닐까, 하고 공연한 걱정을 해본다. 차를 한 모금 마신다. 나이 지긋한 아주머니가 유모차를 밀며 지나간다. 조금 있으니 연세가 꽤 높아 보이는 부부가 천천히 걸어가는 데, 할머니는 빈 유모차를 밀고 간다. 아마도 몸이 불편해서 지팡이 삼아 의지하는 것 같다. 차림새며 걸음걸이로 보아 산책을 나온 모양이다. 차를 한 모금 더 마신다. 노란 제복 차림의 유치원 아이들이 재잘거리며 줄을 지어 지나간다. 나른하다. 깍지 낀 손을 뒷덜미에 대고 목을 한껏 뒤로 젖혀 본다.

자동차가 꼬리를 물고 지나간다. 무엇이 그리도 바쁜지 쏜살같이 달린다. 승용차, 화물차, 버스가 뒤섞여 경주를 하는 것 같다. 그 틈새를 비집고 오토바이가 곡예를 하며 달린다. 뒤편에 노란 플라스틱 통을 싣고 있다. 어쩌면 음식을 배달하는 사람인지도 모르겠다. 뒤따라 빨간 천으로 된 네모난 상자 같은 것을 매단 오토바이가 달린다. 전화번호 같은 글자가 적혀 있는 것으로 보아서 '퀵 서비스'를 하는 사람 같다. 몇 푼이라도 더 벌기 위해 죽기 살기로 달린다. 한 무리의 승용차가 지나간다. 흰색 · 은색 · 검정색 · 파란색 · 노란색 · 빨간색……, 거리의 꽃처럼 느껴진다. 얼마쯤 지나자 채소 따위를 가득 실은 트럭이 확성기로 외치며 지나간다. '단돈 얼마라도 마련해야 아이의 등록금을 줄 수 있습니다. 적선하는 셈치고 도와주세요.' 하며 딱한 사정을 털어놓는 하소연으로 들린다. 고단한 사람살이의 모습이 떠오른다. 아, 여행 한번 잘했다.

봄이 가지는 소중한 의미는 희망이다. 나무는 길고 추운 겨울을 보내고 나서야 희망의 메시지를 보여준다. 그만큼 간절한 기다림이 있어야 비로소 건강하고 아름다운 모습을 만날 수 있다. 연둣빛 새싹과 아름다운 꽃이 그 실체라 할 수 있다. 마찬가지로, 우리네 사람살이도 간절한 기다림이 있어야 밝고 환한 기쁨을 누릴 수 있다. 가만히 앉아 있으면 오지 않는다. 타는 목마름으로 몸부림치며 기다려야 반갑게 껴안을 수 있다. 나도 아름다운 풍경 속으로 들어가고 싶다. (2006)

가면놀이

영화 '왕의 남자'가 바람을 일으키고 있다.

인구 5천만 명도 안 되는 나라에서 관객이 일천만 명을 훌쩍 뛰어넘었으니 놀라운 일이다. 이 영화의 힘은 자유분방한 상상력과 이야기의 재미에 있다. 오늘 같이 답답하고 짜증나는 세태에 가슴을 시원하게 뚫어주는 풍자가 일품이다. 더구나 살맛이 나지 않는다며 심드렁해 하는 중·장년층에게는 신바람 나는 이야기로 회자되고 있다. 생각해 보면, 광대라는 새로운 캐릭터를 등장시켜 조선조 연산과 그의 애첩이었던 녹수, 그리고 탐관오리들의 비리를 독특한 영화적 상상력으로 풍자함으로써 대리 만족의 공감대가 형성되었기 때문일 것이다. 그래도 그렇지, 신분의 차별이 엄연하던 왕조시대에 미천한 남사당패의 광대가 감히 지엄한 왕이나 서슬이 시퍼런 중신들을 마음 놓고 희롱한다는 게 있을 법한 일인가. 하지만 영화는 그들의 얼굴에 탈을 씌워 이 같은 모순을 뛰어넘고 있다.

비슷한 이야기는 또 있다. 안동의 하회마을에는 12세기 중엽부터 전해져 내려오는 '하회별신굿 탈놀이'가 있다. 탈을 쓰고 춤을 추면서 말과 노래로 엮어 가는 마당놀이인데, 그 유래를 살펴보면 이렇다. 해마다 정월 보름과 사월 초파일에 복을 빌기 위해 마을 제사인 당제堂祭를 지내는데, 이 마을의 성황신城隍神은 여성으로 무진생戊辰生 성황님으로 불린다. 별신굿은 3년, 5년, 10년에 한 번씩 마을에 우환이 있거나 돌림병이 발생하면 이를 물리치기 위해 당제와 함께 벌어진다. 제사는 강신降神 - 오신娛神 - 송신送神 순으로 진행되고, 그 가운데 탈놀이는 신을 즐겁게 해드림으로써 마을의 재앙을 물리치고자 하는 오신의 순서에 해당한다.

놀이마당을 대충 옮겨보면 이렇다.

순서는 무동舞童 마당, 주지 마당, 백정 마당, 할미 마당, 파계승破戒僧 마당, 그리고 양반 · 선비 마당으로 이어진다. 무동 마당은 탈놀이를 시작하기 위해 저마다의 탈을 쓰고 준비한다. 이때 각시 광대는 노랑 저고리와 푸른 치마의 처녀

복색을 하고 무동을 탄다. 주지 마당에서 주지는 곧 사자使者를 뜻하고, 놀이판을 벌이는 액풀이 마당으로 잡귀를 쫓는 의식무儀式舞에 해당한다. 백정 마당에서는 백정이 칼과 도끼를 넣은 망태를 메고 나와서 소를 잡는 시늉을 하는데, 잡은 소고기를 팔아서 돈이나 곡식을 모아 별신굿 행사에 사용한다. 할미 마당에서는 쪽박을 허리에 차고, 흰 수건을 머리에 쓰고 허리를 드러낸 할미 광대가 베틀에 앉아 베를 짜면서 신세타령을 한다. 실제 베틀은 없고, 북을 쥐고 베 짜는 시늉을 하지만. 베틀가의 한 토막을 옮겨 보면 이렇다. …… 베틀다리 양네다리 / 앞다리 높게 놓고 / 뒷다리는 낮게 놓고 / 앉을깨는 뒤에 놓고 / 용두머리 삼 형제요 / 눈썹대는 두 형제요 / 잉앗대는 삼 형제요……. 할미는 넋두리를 늘어놓다가 허공을 바라보며 혼잣말로 "영감이 어제 장에 가서 사다 준 청어는, 어제 저녁에 영감 한 마리 꾸어 주고 내 아홉 마리 먹고, 오늘 아침에 영감 한 마리 꾸어 주고 내 아홉 마리 먹었잖나." 하고는 천천히 일어나 춤을 추다가 구경꾼들 앞으로 다가가서 쪽박을 내민다. 파계승 마당에서는 부네가 장단에 맞춰 오금춤을 추며 등장하고, 오줌 눌 자리를 찾다가 엉거주춤 앉아서 치마를 들고 오줌을 눈다. 이때 중이 나타나 부네를 옆구리에 꿰차고 도망을 간다. 마지막으로 양반·

선비 마당이 벌어진다.

양반이 부채를 부치며 거만하게 팔자걸음으로 나오면 하인인 초랭이가 뒤따르며 까불거린다. 이어서 선비가 등장하고, 부네와 하인인 이매가 뒤따른다. 양반과 선비는 서로 멀찌감치 떨어져 있고, 그 사이를 초랭이가 왔다 갔다 하면서 인사를 시키고 수다를 늘어놓는다. 양반의 어깨를 주무르다가 우악스럽게 무릎으로 짓누르는가 하면, 부네가 선비를 골려주기도 한다. 양반과 선비는 부네를 사이에 두고 서로 문자를 써가며 지체와 학식에 대한 문답으로 다투다가 결국 둘 다 망신을 당하고 만다. 마침내 양반과 선비가 화해하고, 부네와 초랭이까지 한데 어울려 춤을 추며 한마당 놀이가 벌어진다. 풍자와 해학의 백미라 할 수 있다.

하회탈은 소중한 문화유산이다. 오늘까지 우리나라에 남아 있는 탈 가운데 가장 오래된 것이기도 하다. 하지만 그 가치를 잊고 있다가 안동의 류한상 문화원장이 해외 학계에 소개함으로써 세계 제일의 가면으로 극찬을 받았고, 뒤늦게 국내 학계에서도 깊이 있게 연구하여 국보로 인정하게 되었다. 탈은 모두 열두 개였으나 그 가운데 각시, 중, 양반, 선비, 초랭이, 이매, 부네, 백정, 할미탈은 남아 있지만 총각탈, 떡다리탈, 별채탈은 잃어버렸다.

우리나라에 탈이 있다면, 서양에는 가면이 있다.

그네들에게는 가면극·가면무도회 같은 놀이가 있어 삶에 여유가 있고 더욱 즐겁다. 그 가운데 '할로윈 데이'는 널리 알려진 축제인데, '죽음의 신'을 달래는 의식이기도 하다. 성자의 날인 11월 1일 바로 전날인 10월의 마지막 날에 벌어진다. 우리나라에서는 크리스마스나 발렌타인데이처럼 널리 알려져 있지는 않으나, 영국이나 미국에서는 생활 속에 자리잡은 오래된 풍습이다. 이날이 되면 호박 속을 파서 만든 호박등이나 횃불을 들고 마녀와 귀신의 분장을 한 의상 행렬이나 가장 무도회가 벌어진다. 그 유래는 이렇다. 기독교가 전래되기 전, 영국에 살고 있던 켈트족의 정신적 지주였던 승려 드루이드에 의해 전파되었다고 한다. 그들은 인간의 죽음과 사후 세계를 관장하는 '죽음의 신'인 삼하인Samhain에 의해 구원받을 수 있다고 믿었으므로 당연히 두려움의 대상이었다. 그래서 동물을 제물로 바치는 의식을 베풀었는가 하면 때로는 사람을 바치기도 했다. 그때가 겨울이 시작되는 10월의 마지막 날이었다. 이날 밤이 되면 죽은 자들이 활동하기 위해 되살아나는데, 그들은 유령이나 마귀·마녀·요정이 되어 세상을 다스린다고 믿었다. 그런 연유로 해서 사람들은 바깥출입을 삼가고, 귀신들에게 자신들의 집이 볼품없게 보이도록 일부러 벽난로의 불을 꺼버리기도 했다고 전해진다. 하지만 뭐니뭐니 해도 이날의 상징은 '망령의 갈 길을 밝혀 주기 위한 등'이란 이름에서 비롯된 호박등이다. 큰 호박의 속을 도려낸 뒤에 도깨비의 얼굴을 새기고, 그 속에다 촛불을 넣어 도깨비의 눈이 반짝이는 것처럼 보이도록 만든다.

오늘날 할로윈 축제날이 되면 어린이들이 무척 좋아한다.

아이들의 옷에는 마귀 · 마녀 · 유령 · 요정 같은 캐릭터가 등장하고, 때로는 대통령의 얼굴을 본뜬 가면이 등장하기도 한다. 그만큼 어린이들을 대우해 준다는 뜻이 있다. 그래서 다양한 의상과 가면으로 분장한 꼬마 귀신이 문을 열고 들어와 "과자를 주지 않으면 장난을 칠 테야." 하고 외치면서 자루를 내민다. 그러면 어른들은 어김없이 풍선껌이나 과자, 오렌지 같은 것들을 넣어준다. 그러니 어린이와 어른들이 함께 웃고 즐기는 생활 풍습이라고나 할까.

탈이나 가면을 쓰면 부끄러움이 없어진다. 자신의 모습이나 신분을 감출 수도 있다.

자신을 잘 알고 있는 사람들 앞에서는 좀체 부끄러운 짓을 하지 않는다. 마찬가지로 작은 마을이나 일터 같은 데서는 서로를 잘 알고 있으므로 해서 다들 조심하게 마련이다. 하지만 수많은 사람이 함께 살아가는 도시에서는 마치 가면을 쓰고 사는 것과 같아서 누가 누군지 알지 못하기 때문에 흐트러진 모습을 보이기 일쑤다. 길거리에 가래침을 뱉거나 욕설을 퍼붓고, 술을 마시고 고래고래 소리를 지르거나 전봇대에 방뇨를 한다. 더러는 의도적으로 상대방을 속이거나 골탕먹이려 드는가 하면 범죄를 저지르기도 한다. 뿐이랴. 요즈음 들어 더욱 가관인 것은 가상공간인 인터넷을 통해 벌어지고 있는 일들이다.

인터넷은 일상생활에 유용한 문명의 이기라 할 수 있다. 하지만 근자에 들어 본래의 기능이나 효용에서 벗어난 그릇된 사용으로 해서 숱한 문제를 일으키고 있다. 사이버 공간에서는 익명인 아이디만으로 만나고 대화한다. 자신의 모습이나 신분을 감출 수 있다는 점에서 탈이나 가면과 공통점이 있다. 그 때문에 빚어지는 해악이 만만찮다. 무례하고 상스런 말들이 난무하는가 하면 댓글 시비가 끊이지 않고 있다. 군중 심리에 휩쓸려 증오와 저주, 저속한 선동이나 적대감을 부추기는가 하면, 남의 이름이나 주민 번호 같은 개인 정보를 훔쳐 자신의 잇속을 챙기려 드는 사례가 날로 늘어가고 있다. 심지어 범죄를 모의하거나 동반 자살을 유혹하는 경우도 있고 보면, 익명성의 편리함에 기댄 비열한 짓이라고 하지 않을 수 없다. 가면놀이의 묘미는 풍자와 해학에 있다.

하지만 사이버 공간에서 벌어지고 있는 놀이를 보면, 풍자와 해학은커녕 모듬살이의 근간이 되는 도덕성과 다른 사람에 대한 배려조차 실종되고 말았다. 그로 해서 나날의 삶이 무척 고단하고, 서로를 믿지 못하는 풍조마저 생겨났다. 일그러진 모습이 안타깝다. 이쯤에서 타락한 가면놀이를 그만둘 수 없을까. (2006, 대구문학 봄호)

진짜와 가짜

한 여성의 '가짜 박사학위' 소동으로 시끌벅적하다.

가짜 학위보다 뻔뻔스런 거짓말이 더욱 밉살스럽다.

이 같은 일이 처음은 아니다. 가짜 논문으로 세계적인 과학자의 반열에 오른 사람이 있었다. 제자의 논문을 자기 것인 양 속인 교수가 대학의 총장이 된 적도, 정부의 각료가 된 경우도 있었다. 뿐이랴. 가짜 학위로 교수가 된 사람이 있는가 하면, 저명인사 행세를 한 사람도 있었다. 하나같이 들통이 나서 손가락질을 받으며 만신창이가 된 뒤에 자리에서 쫓겨났다. 더러는 양심 고백을 하고 스스로 물러나기도 했다. 그런가 하면 아직도 시치미를 떼고 버티는 사람들이 적지 않다. '욕망이라는 이름의 전차'를 타고 으스대고 싶어

하는 사람들.

그뿐이랴. 오래 전 대구에서 있었던 일이다.

대통령을 '각하'로 부르면서 우러러 받들던 시절의 이야기다. 허우대가 잘 생긴 청년이 자신을 '대통령의 양아들'이라고 속여서 높은 분들로부터 분에 넘치는 영접과 환대를 받은 웃지 못할 소동이 있었다. 그도 그럴 것이 그 사람들은 대통령의 양아들을 한 번도 본 적이 없었다. 이 또한 들통이 나고 말았지만, 정작 본인은 태연했었다. 그의 말인즉, 자신의 거짓말에 속아 넘어가는 세상이 재미있었을 뿐 아니라 높은 자리에 있는 사람들을 골탕 먹이고 싶었다고 하였던가?

어디 그뿐이랴. 가짜는 먹거리나 장신구, 휘발유며 의약품에 이르기까지 수도 없이 많다. 더구나 여성들의 심리를 이용해 만들어 내는 이른바 '짝퉁'이라 불리는 가짜 명품들은 전문가들조차 가려내기가 쉽지 않다고 한다. 그런가 하면 성형수술도 가짜라 할 수 있다. 콧날을 세우고, 볼이나 이마를 예쁘게 다듬고, 가슴을 적당하게 키우는 수술이 인기를 얻고 있다. 유명한 제품을 가지고 싶고, 아름다운 모습을 뽐내고 싶어 하는 여성들의 본능을 나무랄 수는 없는 일이다. 하지만 그로 해서 빚어지는 부작용이 만만찮고 보면 자제할 필요가 있지 않을까 싶다.

가짜가 많기로는 서화며 골동품도 크게 한몫을 차지한다. 해묵은 이야기다. 우리 화단의 원로 작가가 그린 작품을 놓고 가짜 시비가 있었다. 작가와 감정기관과 소장자가 이의에다 이의를 제기하며 논란을 거듭하였으나 끝내 결론을 내리지 못했다. 그 충격으로 작가는 붓을 놓고 말았으니 불행한 일이라 하지 않을 수 없다. 또한 크고 작은 공모전에서도 잡음과 시비가 끊이지 않고 있다. 그렇게 한바탕 소동이 벌어지고 나면 마침내는 당선을 취소하고 말지만, 아예 공모전 자체를 없애 버린 경우도 있다. 뿐만 아니라 추사와 단원과 혜원의 그림은 어찌 그리도 흔하며, 그럴 듯하게 약품 처리한 가짜 도자기를 진품인 줄 알고 자랑하는 사람들도 숱하다. 진짜보다도 진짜 같은 가짜가 판을 치는 세상이다.

말과 글에도 가짜가 있다. 말의 가짜는 거짓말이요, 글의 가짜는 표절이라 할 수 있다. 수필에 있어서 허구적 서사 또한 가짜라 할 수 있는데, 체험적 서사를 근본으로 삼는 수필의 특성 때문이다. 그런데 거짓말이나 표절은 배운 사람, 점잖은 사람, 알 만한 사람들이 더 잘하고 더 많이 한다. 상습적이기도 하다. 제왕, 법률가, 역사가, 성직자, 과학자, 정치인들은 '어떻게 하면 민중을 절묘하게 속여서 나에게 영광과 승리를 가져오게 할 수 있을까?' 하고 궁리하는 사람들이다. 그것이 바로 인류의 역사이기도 하지만, 치밀한 계산으로 꾸며진 거짓말은 폐해도 엄청나다. 그러나 몰라서 속고, 알면서도 속는다. 세상은 요지경이다.

헛된 욕망은 파멸을 초래한다.

로마 신화 한 토막을 옮겨 본다.

어느 날 재간꾼 다이달로스는 자연의 법칙을 거슬러 보기로 마음먹었다. 먼저 새의 깃을 모아서 실로 묶고 밀랍으로 쫀쫀하게 붙였다. 이렇게 붙여 만든 것을 조금 구부리자 그 모양이 새의 날개와 흡사했다. 날개가 마무리되자 그것을 달고 하늘로 날아보았다. 그리고는 아들인 이카로스의 것도 만들어 주면서 이렇게 말했다. "이카로스, 내 아들아. 내 단단히 일러두거니와 하늘과 땅의 한 중간을 겨냥하여 그 사이로만 날아야 한다. 너무 올라가면 태양의 열기에 깃이 타버릴 것이요, 너무 낮게 날면 바닷물에 젖어 깃이 무거워질 것이기 때문이다." 그리고는 아들에게 나는 법을 가르쳐 주면서 어깨에다 날개를 달아주었다. 이윽고 아버지는 아들과 함께 하늘을 날기 시작했다. 아들 이카로스는 하늘을 나는 데 재미를 붙이고 공중으로 솟기 시작했다. 얼마나 높이 솟았는가 하면, 날개를 붙인 밀랍이 태양의 열기에 말랑말랑해질 때까지 솟아올랐다. 그러자 밀랍이 녹았다. 밀랍이 녹았으니 깃이 붙어 있을 리 없었다. 맨 몸으로 허우적거리다가 아버지를 부르며 바다로 내리 박히고 말았다. 졸지에 아들을 잃은 아버지는 통곡하였다. 그 바다 이름이 이카리아해, 즉 이카로스의 바다이다.

가짜라고 해서 다 나쁜 것은 아니다.

때로는 우리네 사람살이에 유익한 경우도 있다.

나는 정판교鄭板橋의 대나무 그림 한 폭을 가지고 있다. 언제 보아도 아치가 묻어나는 빼어난 작품이다. 대만의 고궁박물관에 갔다가 구입한 복제품이다. 진품은 팔 리도 없지만, 그 희귀성을 감안할 때 개인이 가질 수 없는 일이다. 그러니 가짜라도 감지덕지다. 그는 중국 청나라 때 서화가로 특히 대나무 그림에 뛰어난 재주가 있었다. 일찍이 관리가 되었다가 병을 핑계로 물러나 스스로 '바보노인湖塗老人'이라 부르며 오래도록 살았는데, 그가 남긴 말 또한 널리 회자되고 있다. '총명하기는 어렵다. 멍청하기는 더욱 어렵다. 총명하면서 멍청한 척 하기는 더더욱 어렵다. 마음을 비우고 한 걸음 뒤로 물러서면 모든 것이 쉬워진다.' 의미심장한 말이다.

가짜가 생명을 구하는 경우도 있다.

사람의 신체는 기계와 달라서 갈아 넣을 부품이 없다.

뜻하지 않게 난치병이라도 앓게 되면 산다는 것이 막막해진다. 그들을 위해 자신의 골수를 주거나 장기를 기증하는 사람들이 있다. 부모와 자식 같은 피붙이 사이도 있지만, 더러는 낯모르는 사람들도 있다. 듣기만 해도, 바라보기만 해도 가슴이 훈훈해지는 일이다. 때에 따라서는 의수족, 인공심장, 인공 관절 같은 장기를 개발하여 사용하기도 한다. 또한 생명공학이나 유전자 공학의 연구가 놀랄 만한 수준에 이르렀다. 생명에 대한 존엄성이나 인간의 윤리성이 논란거리로 남아 있지만, 순수한 질병 치료를 위해 사용된다면 무조건 나쁘다고 비판할 수는 없을 성싶다. 병상에서 신음하는 사람들을 바라보면 나 또한 환자가 된다. 하늘도 무심치 않으리라.

그밖에도 이로운 가짜는 더 있다.

로봇이나 허수아비도 따지고 보면 가짜라 할 수 있다.

최근 들어 지능뿐 아니라 감성을 겸비한 로봇이 개발되고 있다. 사람이 감당하기에는 어려움이나 위험이 따르는 일, 고도의 정밀성을 필요로 하는 일을 대신해 주고 있다. 땅 속, 깊은 바다 밑, 고온 · 고열 · 초저온 같은 극한 상황에서의 작업, 그리고 정밀한 기계 제작이나 수술에도 로봇이 한 몫을 담당하고 있다. 그런가 하면 허수아비는 사람을 대신해서 가을 들판을 지켜 준다. 세태의 변화에 따라 그 의미나 역할이 많이 퇴색했지만, 여유와 해학과 낭만을 즐길 수 있다. 그리고 약품이나 총기를 사용하지 않고 새들을 쫓아주니 친환경적이다.

진짜와 가짜를 다른 말로 하면 빛과 그림자라 할 수 있다.

그림자는 허상이요 헛된 꿈이다. 오래 가지 못한다. 발꿈치를 들고 오래 서 있을 수 없는 이치와 같다. 또한 꿈속에 있을 때는 꿈인지를 알지 못하다가 깨었을 때 비로소 꿈이었다는 것을 알게 된다. 알고 나면 허망하다. 비록 가짜가 사람살이에 유익한 경우가 없지 않다 해도 가짜는 가짜일 뿐이다. 그것은 감정이며 정서며 품격이 없을 뿐더러, 손바닥으로 하늘을 가릴 수 없다는 이치를 깨우쳐 주기도 한다. 그래서 진짜를 으뜸으로 치는 것이다. 하지만 돈과 허명놀이에 취해서 부끄러움을 모르는 사람들이 너무 많다. (2007)

입 다물고 귀 기울이면

부슬부슬 내리던 비가 그쳤다. 사방이 온통 푸르고 푸르다. 풀과 나무들이 옷자락을 툭툭 털고 일어서는데, 그 사이로 햇살이 줄지어 미끄러져 내린다. 새들은 젖은 둥지를 박차며 하는 높이 날아오르고, 바람은 구름을 데불고 가벼운 걸음으로 내닫는다. 나 또한 그들 곁으로 다가선다.

바야흐로 봄이다. 꽃이 피고 나무에 새 잎이 돋고 훈훈한 바람이 분다. 그들은 기다리지 않아도 오고, 기다림마저 잃었을 때에도 오고, 다급한 사연을 들고 달려간 바람이 흔들어 깨우면 눈 비비며 더디게 오기도 한다. 순리와 조화의 의미를 생각해 본다. 우리네 모습이 겹쳐진다. 사람의 한살이는 갓 태어난 어린아이가 걸음마를 배워 소년이 되고, 혈기

왕성한 청년이 된다. 그러다가 장년인가 하면 어느새 노년이 되어 해거름의 강가를 서성거리면서 허무한 생각에 젖어 서러워하게 된다. 쓸데없는 생각에 잠겨 있는데, 한줄기 바람이 숲을 흔들고 지나간다. 갓 시집온 새색시의 살 냄새 같은 풋풋한 향기가 코끝에 와 닿는다.

느긋한 마음으로 산길을 걷는다. 풀과 꽃과 나무들의 싱그러운 모습이 좋아서 발길을 멈추고 그들 곁에 앉는다. 살아 숨쉬는 것들의 아름다움, 졸졸거리는 물소리의 청량함, 쏟아지는 햇살의 투명함이 한데 어우러져 환희의 송가를 부르고 있다. 자연은 참되고 거짓이 없다. 그래서 아름답다. 저들은 우리에게 꽃을 보여주고, 열매를 주고, 푸른 그늘과 맑은 향기를 준다. 우리는 저들에게 아무것도 준 것이 없다. 그런데도 이해득실을 따지지 않는다. 이 땅에 살아가는 것들 가운데 저들처럼 손익에 태연할 수 있는 무리들이 또 있을까?

길섶에 흩어진 이름 모를 풀들의 모습에 눈길이 멈춘다.

누가 심은 것도 아니요, 정성을 들여 가꾼 것도 아니며, 눈여겨 봐 주는 사람도 별로 없다. 한겨울 동안 흔적도 없던 것들이 때가 되면 부스스 털고 일어나 감추고 있던 꽃대를 밀어 올려 예쁜 꽃을 피운다. 머무는 곳이 좋은 땅이라고 뽐

내거나 자갈밭이라고 주눅들지 않는다. 어쩌다 햇빛이 잘 들지 않는 응달이나 물기가 없는 메마른 곳에 떨어지더라도 불평하거나 원망하지 않는다. 자기를 내세우려고 애쓰지도, 오래 살겠다고 발버둥치지도 않는다. 크고 작은 나무들과 이웃하고, 공중에 나는 새들이나 바람과 벗하며, 땅을 본받고 하늘을 우러르며 그저 그렇게 살다가 사라지는 하잘것없는 존재들이다. 그야말로 잡초일 뿐이다. 그들 곁에 앉아서 "무슨 재미로 사느냐, 왜 사느냐, 소망이나 꿈같은 게 있느냐"며 말을 걸어 보지만 빙그레 웃을 뿐 대답이 없다.

문득 우리네 이웃들의 모습이 떠오른다.

나날의 삶이 지나치게 분주하고 메마르다. 너무 많이 먹고, 너무 많이 쏟아내며, 욕심 또한 너무 많다. 절제할 줄 모른다. 그런가 하면 티·비에, 요란한 광고에, 사람들에게 부대끼느라 느낌이나 감정을 빼앗겨 마치 정신 나간 사람처럼 살아간다. 들어도 그만 듣지 않아도 그만인 이야기에 솔깃해 귀 기울이다가 해가 지고 달이 뜬다. 쓸데없는 일에 관심을 가지다가 균형을 잃어 사람살이가 흔들리고, 품위며 격조 같은 것을 시답잖게 여기다가 사람이 사람다운 대접을 받지 못하고 있다. 너나없이 말을 함부로 한다. 가슴에 못질을 하는 것 같은 거친 말, 결과에 대해 책임지지 못할 거짓말을 거침없이 쏟아내는 사람들이 수두룩하다. 지도자라고 자처하는 사람들이 더욱 심하다.

'말은 존재의 집'이라고 했다. 이 말은 말과 실체와의 상호 관계를 함축하고 있다.

우리네 사람살이란 말의 질서 위에 이루어지는 약속이라 할 수 있다. 그 질서가 깨어지면 혼란과 불신을 초래하고, 나아가 사회 질서가 무너져 사람살이가 고단해진다. 믿음을 잃은 말이 사람들 사이에 불신을 낳고, 세상을 병들게 하며, 마침내는 그 폭력과 야만의 현실 앞에 우리네 모습이 한없이 초라해지게 마련이다. 따라서 말로 살아가는 사람들은 그만큼 책임이 무겁다. 지도자의 자리에 있는 사람들, 더구나 정치 지도자들은 때와 장소에 따라 해도 좋은 말과 해서는 안 될 말을 가려 쓸 줄 알아야 한다. 정치란 다름 아닌 말의 약속과 그 실천 제도이기 때문이다. 그런데도 오늘 우리네 정치인들은 거짓말과 덮어씌우기, 시침 떼기와 말 바꾸기, 모르쇠와 오리발 내밀기에 익숙해진 고수들이다. 하나를 덧붙이자면 신문이나 방송이 앞에 나서서 들까불지 말았으면 좋겠다. 다들 넌더리를 내고 있다. 말이 참 되고 아름다우면 세상도 아름다워질 것이다.

넉넉한 자연의 품에 안기면 사람의 존재가 미미하게 느껴진다.

하찮은 풀에 비춰 보더라도 그렇다. 흔히들 아무 생각 없이 짓밟거나 뽑아 버리지만, 풀 그 자체는 하나의 존재 가치를 지닌 생명이다. 아직 그 좋은 점을 찾아내지 못한 화초라고 말한 사람도 있다. 나무 또한 그렇다. 해묵은 나무, 값비싼 나무, 그럴싸한 자리에 자리 잡고 있는 나무만이 귀하고 아름다운 것은 아니다. 그뿐이랴. 벌레들의 우는 소리는 여성의 감미로운 노래로 들리고, 계곡을 굽이돌아 흐르는 물소리는 남성의 힘찬 목소리를 떠올리게 한다. 자연의 신비로움이다. 우리네 사람살이를 돌아본다. 천상천하 유아독존이라는 말마따나 모든 것이 자기 중심이다. 그로 해서 질서가 흐트러지고, 갈등과 마찰이 꼬리를 물고 이어진다. 모든 것은 마음에서 비롯된다. 이웃을 괴롭히거나 해치지 않는 데서, 더불어 하나 되는 모습에서 즐거움을 찾아야 하지 않을까 싶다. 꽃은 무심히 피고 소리 없이 진다.

새파란 하늘에 흰 구름, 그 아래 풀과 꽃과 나무, 그리고 사람들.

풀과 꽃과 나무들의 모습을 말없이 바라본다. 수수함이나 질박함의 아름다움을 생각해 본다. 삶의 이치를 더듬어 본다. 삶이란 사람들만의 것이 아니라 꽃과 나무와 새들의 것이기도 하고, 마침내 우주 전체의 조화가 곧 삶이라는 생각에 이른다. 자연은 무엇이든지 억지로 하지 않는다. 그러나 모든 존재를 꾸준하게 변화시켜 생성과 소멸을 주관한다. 함이 없으면서도 아니함이 없는 하늘과 땅의 조화, 그로 해서 균형이 유지된다. 옛사람의 가르침이 생각난다. 사람은 땅을 본받고, 땅은 하늘을, 하늘은 도를, 마침내 도는 저절로 그러함을 본받을 뿐이라고 하였다. 입 다물고 귀 기울이면 물소리가 물소리로 들리는 것을. (2007)

나잇값

시절이 가을의 끝머리에 이르렀다.

지천으로 널브러진 은행잎이 바람에 흩날린다.

이때를 놓칠세라 아름다운 추억을 만드느라 여념이 없다.

연인들이 양손으로 은행잎을 한아름 주워서 하늘을 향해 흩뿌린다. 햇빛을 받아 노란 잎사귀들이 황금빛으로 반짝반짝 빛난다. 마치 귀여운 황금새들이 무리 지어 나는 것 같다. 젊은 여인이 은행잎이 수북하게 쌓인 길 위에 드러눕자 청년이 노란 잎사귀들을 주워 모아서 그 위에 덮어 준다. 그리고는 사진을 찍는다. 연신 깔깔거리며 웃는 모습이 무척 행복해 보인다.

나무는 세월을 더할수록 아름다워진다.

사람도 나이가 들수록 아름다워졌으면 좋겠다.

나라를 이끌 새로운 지도자를 뽑는 선거가 눈앞에 다가와 있다.

하나같이 나라와 국민을 위해 일할 적임자라고 자처하고 있다. 시장으로, 산업체로, 노인회관으로 분주하게 다니면서 얼굴 알리기에 바쁘다. 지키지도 못할 거짓말을 쏟아놓는가 하면, 철부지 젊은이들과 어울려 거리에서 어릿광대처럼 춤판을 벌이기도 한다. 장차 나라의 운명을 책임져야 할 사람이 저래도 되는가 싶어 쓴웃음이 나온다. 표를 얻기 위해서라면 못할 일이 없어 보인다.

근자에 생각지도 못했던, 참으로 어이없는 일이 벌어졌다.

한때 국민들로부터 존경받던 사람, 두 번이나 대통령 선거에 출마했다가 떨어진 사람, 그 책임을 통감하고 정치판을 떠나겠다고 결연한 의지를 밝혔던 사람이 또다시 출마를 선언했다. 국민들은 말할 것도 없고, 정치권과 언론에서 일제히 들고 일어섰다. 그 목소리도 다양하다. '역사의 죄인' '퇴행과 변절' '대통령병 환자' '나 아니면 안 된다고 생각하는 시대 착오적인 사람…….' 다들 분개하고 있다.

그로서도 할 말이 있을 것이다.

출마해서는 안 된다는 법도 없을 뿐더러 욕망과 집착과

미련을 떨쳐버리기가 쉽지 않았을 것이다. 그도 그럴 것이 이전에도 그 같은 사람이 있었고, 마침내는 대통령이 되어 한 시대를 풍미하기도 했었다. 그 사람이 대통령으로 있는 동안 나라의 형편이나 국민들의 생활이 어떠했는지는 익히 아는 터이고, 그런 와중에서도 정치놀음으로 '노벨상'을 받기도 했었다. 그러니 '나라고 해서 나서지 말라는 법이 있느냐'고 반문한다면 더 이상 할 말이 없다. 따지고 보면 이러쿵저러쿵 할 일도 아니다. 하지만 그는 이번 일로 해서 얻는 것보다 잃는 것이 더 많을 성싶다.

예부터 길이 아니면 가지를 말라고 하였다.

그는 평생을 올곧게 살아온 사람이다. 그의 말마따나 '학처럼 살려고 애쓴 사람'이다. 그로 해서 존경하는 사람들이 많을 뿐더러 자라나는 세대에게는 본받고 싶은 흠모의 대상이 되기도 했다. 그런가 하면 불운을 안쓰럽게 생각하는 사람들도, 은근히 명예 회복을 바라는 사람들도 없지 않을 것이다. 하지만 그를 존경하던 순박한 사람들이 받은 충격이나 배신감은 실로 크다. 아름다운 모습 뒤에 가려져 있던 추악한 모습을 보게 되어 허탈감 또한 이루 말로 다할 수 없다. 그 어떤 말로도 위안이 되지 않을 것 같다. 아, 나잇값도 못하는 어리석은 사람.

우연의 일치일까, 베토벤의 일화가 생각난다.

그가 남긴 음악 가운데 이른바 「에로이카」라는 곡이 있다.

그의 나이 스물여섯이던 때, 불꽃같은 정열로 작곡한 교향곡이다.

그 무렵 그보다 한 살 위인 코르시카의 영웅 나뽈레옹 보나빠르뜨는 군 사령관으로 세상에 이름을 떨치고 있었다. 베토벤은 프랑스 대혁명 이후 눈부시게 두각을 나타내기 시작한 그를 놀라움과 존경의 눈으로 지켜보고 있었다. 인류에게 자유와 평화를 가져다 줄 인물이라고 믿었다. 당시 빈에 주재하고 있던 프랑스 대사 베르나도트 장군으로부터 나뽈레옹의 사람됨과 용기에 관한 이야기를 직접 듣고 나서 그를 더욱 존경하기에 이르렀다.

마침내 오랫동안 준비해 온 교향곡을 '코르시카의 영웅'에게 바치기로 마음먹었다. 악보 표지에 「보나빠르트 교향곡」이라고 써넣고 헌정할 날만을 기다리고 있었다. 하지만 나뽈레옹이 황제에 즉위했다는 소식을 듣고는 화가 머리끝까지 치밀어 헌사를 쓴 표지를 찢어버렸다. 그리고는 '그 역시 속인에 지나지 않았다. 자기의 야심을 채우기 위해 폭군이 되려는가!' 하고 외쳤다고 전한다.

그 뒤 이 곡에다 「신포니아 에로이카Sinfonia eroica - 한 위대한 인물을 추념하기 위하여」라는 제목을 붙여 출판하였다. 내친 김에 그의 음악을 들어본다.

제1악장은 넘치는 힘을 담은 두 개의 화음으로 시작하여 첼로가 유연한 주제 선율을 이끌어 낸다. 그 전개의 긴밀함과 구성의 절묘함으로 해서 터질 듯한 박력이 넘친다. 제2악장은 장송행진곡 부분이 뛰어나지만, 최후의 심판 나팔소리 같은 시그널로 시작하는 부분 또한 깊고 벅찬 감동을 안겨준다. 제3악장은 힘찬 리듬으로 풀어 나가는 해학이 즐겁고, 제4악장의 커다란 변주곡으로 발전하는 압도적인 규모는 종래의 교향곡에서 볼 수 없는 거대한 정신력의 표현이자 '영웅'이라는 이름에 걸맞은 힘의 과시를 느낄 수 있다. 당시로서는 혁신적인 작품이었다.

베토벤은 인고의 세월을 살다 간 위대한 음악가이다.

강인한 정신력으로 음악사에 길이 남을 금자탑을 세웠다.

귀가 들리지 않았기 때문에 오히려 내면적으로 성숙할 수 있었다. 또한 천재성에 집중할 수 있었으며, 시대의 무미건조함이나 범용에서 벗어날 수도 있었다. 인간의 힘으로 쓸 수 있는 가장 완전하고 위대한 음악, 그리고 강한 호소력으로 사람들을 감동 속에 빠져들게 한다. 그가 남긴 곡들이 많지만, 그 가운데서도 가장 돋보이는 곡은 환희와 인간애와 평화를 주제로 한 교향곡 제9번 이른바 「합창」을 들 수 있다. 이 곡은 '환희의 송가'에 이어 네 명의 독창자가 '사람들이여, 서로 손을 맞잡고 전 세계의 축복을 받아들이자'고 노래하는 대곡이다. 구상에서 완성까지 무려 31년의 세월이 걸렸을 뿐 아니라 그의 생애에서 가장 힘들고 고통받던 시기에 완성된 곡이기도 하다. 드디어 초연이 있던 날, 지휘대에 섰지만 귀가 들리지 않는 그에게 오케스트라나 합창이 들릴 리 없었다. 그래도 연주는 무사히 끝났다. 교향곡의 마지막 음이 긴 여운을 남기며 끝났을 때, 이 위대한 작품에 청중은 열광적인 박수를 보냈다. 그러나 지휘자는 청중에게 등을 돌린 채 그대로 서 있었고, 사람들은 그 모습을 보고 눈물을 흘렸다. 그는 위대한 혁명가였다.

바람이 분다. 잎사귀들이 우수수 떨어진다.

울긋불긋 곱게 물든 나뭇잎들이 바람에 흩날린다.

푸르게 빛나던 시절에 연연하지 않고 흙으로 돌아간다.

우리 또한 저들과 다를 바 없다. 머지않아 흩어지고 말 하찮은 존재에 지나지 않는다. 세월은 우리가 알지 못하는 사이에 스쳐 지나간다. 아쉽고 허전하지만 자연의 섭리인 것을 어쩌랴. 그래서인지 가을 산을 찾는 사람들은 말수가 줄어든다. 저마다 생각이 깊어지기 때문이리라. 마음속에 품은 생각의 크기가 대인과 소인으로 가른다. 오늘 우리는 난폭하고, 물질적이며, 허명놀이가 성행하고 있는 세태를 살아가고 있지만 자신이 가야할 길을 안다면 추한 모습을 보이지 말아야 한다. 나 자신을 돌아보게 된다. 비록 대인은 되지 못할지언정 나잇값도 못한다는 소리는 듣지 말아야 할 터인데……. (2007, 죽순)

사람살이의 훈기

갓난아기의 울음소리를 들으면 은근히 기분이 좋아진다. 어쩌다 비릿한 젖내를 맡을 때도 그렇다. 내 아이가 아니라도 상관없다. 또한 가난한 밥상일망정 어린것들이 빙 둘러앉아서 오물오물 씹는 광경을 지켜보는 것도 즐겁다. 내 어릴 적 모습을 떠올려 볼 수 있어서다. 그뿐이랴. 어린것들의 재롱받이로 해서 흐뭇해하는 나이 든 사람들을 보면 사람살이의 의미를 되새겨보게 된다. 예로부터 조손동락이라고 하지 않았던가.

우리네 사람살이가 엄청나게 달라졌다. 사회 환경이나 경제여건도 눈에 띄게 좋아졌다. 개인의 생활 형편 또한 크게 향상되었다. 절대빈곤으로부터 벗어났다는 사실은 가히 역사적이라 할 만하다. 하지만 근자에 들어 새로운 걱정거리가 생겼다. 미처 생각하지 못했던 일, 남의 일로만 여겼던 이른바 '저출산 · 고령화'라는 사회현상 때문이다. 살다 보면 이런 일들이 일어나게 마련이지만, 결코 만만찮은 과제라는 생각이 든다.

그렇게 오래되지 않은 시절의 이야기다.

너나없이 가난한 살림에 늘어나는 아이들로 해서 고통스러워했었다. 흥부네 집처럼 양식이 없어 쩔쩔매면서도 아이들은 왜 그렇게 많이 낳았던지……. 정부도 궁리 끝에 산아제한을 주창했었고, 그때 부르짖던 구호가 '딸 아들 구분 말고 둘만 낳아 잘 기르자'였다. 하지만 이제는 아이를 낳지 않으려고 한다. 그로 해서 출산율이 '한 가정에 한 아이' 수준으로 뚝 떨어졌다. 이 같은 현상은 결과적으로 나라의 인구가 줄어들고, 노동 인력의 부족이라는 심각한 어려움에 맞닥뜨리게 될 터이니 걱정하지 않을 수 없다. 정부가 출산 장려 정책을 내놓았지만, 정작 여성들은 시큰둥한 반응을 보일 뿐이다.

돈으로 출산율을 높일 수 없다.

아이를 낳으면 경제적 지원을 해주겠다는 생각부터가 잘못이다. 그보다는 출산을 하고 나서도 다니던 직장에서 밀려나거나 불이익을 받지 않도록 보장해 주는 게 낫다. 또한 힘든 육아와 가사 노동에서 벗어날 수 있도록 도와주고, 과중한 사교육비 부담을 줄여 주는 것이 더욱 효과적일는지 모른다. 아이를 낳는 일을 결정하는 데는 개인의 가치관, 육아 및 교육비 부담, 경제적 안정, 그리고 사회 · 직장 · 문화적 환경 같은 복합적인 문제들과 관련이 있기 때문이다. 젊은 세대가 자신의 미래에 대한 긍정적인 판단을 내리지 않는다면 문제를 풀어나가기가 어려울 것이다. 우는 아이를 사탕으로 달래던 시대는 지났다.

우리 집 막내 딸아이는 외국에서 일하고 있는 전문 직업인이다. 오랫동안 외국에서 공부했고, 전문 자격을 취득해서 큰 회사에 들어갔다. 여성이라고 해서 차별 대우를 받지도 않을 뿐더러 직위며 보수도 괜찮은 편이다. 그야말로 좋은 환경에서 신바람 나게 일하면서 자신의 인생을 즐기고 있다. 하지만 나이가 서른을 넘어서고 보니 은근히 걱정스러워 결혼 이야기를 꺼내어 보지만, 정작 본인은 아랑곳도 하지 않는다. 대답이 그럴싸하다. "오늘이 있기까지 얼마나 고생했는데, 들앉아서 아이를 낳아 기르면서 남편의 뒷바라지나 하고 있을 수 없다. 설령 그것이 행복이라 하더라도 그 길밖에 없다는 생각은 옳지 않다. 세상은 넓고 하고 싶은 일도 많다.

내 스스로 노력해서 즐겁게 살아가고 싶다." 안쓰러워도 지켜보고 있을 수밖에…….

어디 그뿐이랴. 나이 든 사람들의 한숨 소리가 늘어나고 있다.

평균 수명이 길어졌다. 예전에는 갑년을 맞으면 장수했다고 축하를 받으면서 잔치를 벌였다. 이제는 칠순을 넘겨도 '할아버지'라고 부르는 것을 못마땅하게 여기는 사람들이 숱하다. 생활환경이 좋아지고 저마다 건강관리에 관심이 높아진 데 원인이 있을 테지만, 그만큼 노령 인구가 늘어나고 있다. 예상보다 빨리 다가온 '고령화 사회'를 제대로 대처하지 못하는 것 같아 적이 걱정스럽다.

사람은 누구나 즐겁게 살다가 아름답게 죽을 권리가 있다.

준비가 필요하다. 나이 든 사람들을 위해 더 많은 복지시설을 마련하고, 사회 환경을 바꾸어 나가는 다양한 노력이 있어야 한다. 그에 못지않게 서둘러 해야 할 일들이 있다. 나이 든 사람들이 소외감을 느끼지 않을 정도의 사회적 배려와 함께 알맞은 일거리를 마련해 주는 게 좋을 성싶다. 나이 든 사람들 또한 스스로 무늬 없는 일상에 변화를 모색해 볼 일이다.

어떤 모임에 나갔다가 얻어들은 이야기이다.

'내가 잘 아는 분 가운데 중앙 부처의 국장이 있는데 말이야… 정년이 얼마 남지 않았거든… 그런데 손자까지 둔 분이 요즈음 무엇을 배우느냐 하면… 요리야.' 이야기의 전말은 이러했다.

정부의 중앙부처에서 일하는 그 국장이 근간에 요리학원에 등록을 하고는 주변 사람들에게 이런 소회를 밝혔다고 한다. '나는 예순이 다 되도록 바깥일 밖에 몰랐다. 우리 세대가 다 그렇게 살아왔으니 후회는 없지만, 지금껏 묵묵히 지켜봐 준 가족들에게 고맙다는 생각이 들었다. 그래서 그동안 나를 위해 맛있는 음식을 만들어 준 아내에게 고마움을 전하고 싶어서 결심하게 되었다.'

미래의 가정에서는 안팎의 역할도 달라질 수밖에 없다. 남편이 집안일을, 아내가 바깥일을 할 수도 있다는 열린 생각을 가져야 한다. 나아가 안팎을 따질 것 없이 시간 나는 사람, 덜 피곤한 사람이 장보고 밥해서 바쁜 사람, 더 피곤한 사람을 먹이는 게 맞을는지도 모른다.

이따금 아내와 함께 장보러 다닌다. 재래시장에도 가고, 대형 할인 매장에도 간다. 채소며 과일 같은 것은 재래시장이 싸고, 신선한 생선이나 음료수 같은 것들은 할인 매장이 편리하다. 다양한 생필품들을 이것저것 살펴보는 재미가 쏠쏠하다. 아울러 밑바닥 인심을 가감 없이 살펴볼 수 있을 뿐더러 사람살이의 훈기를 느낄 수 있어서 좋다. 이전에는 생각지도 못했던 일이다. 직장에 다니느라 바쁘기도 했었지만, 체면이라는 게 앞을 가로막았기 때문이다. 자리에서 물러난 뒤부터 생각이 바뀌었다. 처음 한두 번은 "차가 있으니 좀 실어다 달라."는 아내의 부탁을 거절하지 못해 따라 나섰다. 이제는 각양각색의 사람들로 해서 시끌벅적한 삶의 열기며 진국 같은 이야기를 얻어듣는데 재미가 붙었다. 주체할 수 없을 정도로 시간이 남아돌기도 하고. 어쩌면 그 동안 외국에 나다니면서 견문을 넓힌 덕인지도 모르겠다. 그곳에서는 젊은 사람들은 말할 것도 없고, 머리카락이 하얗게 센 부부가 손을 꼭 잡고 장을 보러 다닌다. 자질구레한 생필품을 이것저것 고르면서 이야기를 나누고, 의자에 앉아서 차를 마시거나 간단한 먹거리로 한 끼의 식사를 해결하기도 한다. 곁에서 바라보면 덩달아 기분이 좋아진다.

얼마 전 고향에 다녀왔다.

나이 든 사람들이 집을 지키고 있었다.

그들은 말했다. 농촌의 젊은이들도 꿈이 있다.

먹고살아야 하고, 제대로 배워야 하고, 성공하고 출세해야 한다. 비록 그것이 유치하고 우스꽝스러워 보여도, 실현 불가능한 일이라 해도 더 이상 붙잡아 둘 수 없는 노릇이다. 그래서 도시로 떠나보냈다. 그로 해서 마을에서 갓난아기의 울음소리를 들어본 게 언제였는지 모르겠다. 다들 하기 쉬운 말로 살기가 좋아졌다고, 발전했다고 하지만 어쩐지 사람살이가 허전하다. 모처럼 피붙이끼리 만났으나 더 이상 이야기를 나눌 흥이 나지 않아서 털고 일어났다. 지금 농촌은 적막강산이다.

사람살이의 틀이 흔들리고 있다. 세상 돌아가는 형편이 너무 놀랍고 어이없어서 얼떨떨할 때가 있다. 이대로 가다가는 인간의 존재가 더할 수 없이 초라해지고, 삶은 더욱 팍팍해질 것 같아서 두려운 생각이 들 때도 있다. 훈기를 잃어가는 우리네 사람살이……. 아, 이를 어이할꼬. (2006)

헤어질 준비

부부는 늘 함께 지내는 게 좋다.

그보다는 함께 있어서 즐거운 게 더 좋다.

아침저녁으로 얼굴을 맞대지 않으면 뜨악해지게 마련이다.

흔히들 부부를 두고 '바늘과 실'로 비유한다. 바늘과 실은 함께 있어야 제 기능을 다할 수 있다. 바늘만 있고 실이 없거나 실만 있고 바늘이 없으면 아무짝에도 쓸모가 없다. 하지만 바늘과 실이 있다고 해서 되는 것도 아니다. 바늘귀보다 실이 더 굵거나, 바늘이 너무 크거나 작아도 쓸모가 없다. 또한 바늘이 약해서 잘 휘거나 부러지면, 실이 가늘거나 약해서 잘 끊어지면 바느질을 제대로 할 수 없다. 궁합이 맞아야 한다. 부부 사이도 마찬가지다.

부부는 늘 함께 있어야 제격이지만 그게 그리 쉽지 않다.

생활환경이 많이 달라졌기 때문이다. 맞벌이 부부가 많아졌고, 외국을 내 집 드나들 듯 하는 사람들도 적지 않다. 일터가 멀리 떨어져 있어서 주말에야 겨우 만나는 부부가 있는가 하면, 외항선이나 국제선 비행기에 근무하는 경우도 있다. 심지어 한쪽이 공부하러 외국에 나가 있거나 주재원으로 일하는 경우도 있다. 그렇다고 해서 불행한 사람들이라고 말할 수는 없다. 상대방에 대한 미안함이나 그리움이 엇갈리면서 이해와 배려와 사랑이 더욱 깊어지기도 한다. 하지만 곁에 있는 것과 떨어져 있는 것은 느끼는 감정이 다를 수밖에 없다.

이따금 부부가 혼자 있는 것도 괜찮은 일이다.

자기만의 시간을 즐기거나 감정을 추스를 수 있어서다. 부인들의 경우, 이웃과 어울려 수다를 떨면서 기분 전환을 하거나 옛친구들과 해묵은 이야기를 나눌 수 있다. 잠시나마 부엌살림에서 벗어날 수 있고, 가까운 사람들과 어울려 영화를 보러 다닐 수도 있다. 모처럼 해방감을 누릴 수 있을 것이다. 남편들도 비슷한 기분을 즐길 수 있을 것이다. 무엇보다 잔소리를 듣지 않아도 된다. 훌훌 벗어 던지고 가벼운 차림으로 쉬거나 늘어지게 잠을 자도 괜찮고, 친구들과 어울려 마음 놓고 한잔 마실 수도 있다. 하지만 그 기간이 길어지면 불편하고 짜증스럽다. 자칫하다가는 두 사람 사이에 틈새가 벌어질 수도 있다.

가까이 지내는 사람의 행복한 투정을 들었다.

부인이 시집간 딸네 집에 갔다. 외국에 나가 있는데, 출산을 해서 뒷바라지를 해주러 갔다. 두어 주일 있다가 오겠다고 하면서 떠났다. 떠나기 전에 남편이 불편하지 않도록 꼼꼼하게 챙겨 놓았을 뿐 아니라 자세하게 메모까지 남겨 놓았다. 반찬이며 먹거리를 장만해서 냉장고에 넣어 두었고, 설거지며 세탁하는 일에 이르기까지 일일이 설명을 해주고 떠났다. 걱정하지 말고 잘 다녀오라고 웃으면서 보냈다. 처음 하루 이틀은 어둔했으나 지낼 만했다. 한 주일쯤 지나자 조금 귀찮게 느껴졌고, 돌아올 날짜를 챙겨 보기 시작했다. 그러다가 예정된 두 주일이 지났으나 돌아오지 않자 슬그머니 짜증이 났다. 사나흘을 더 기다려도 돌아오지 않자 빨리 오라고 전화를 했다. 대답인즉, 산모의 건강이 좋지 않아 며칠 더 있다가 오겠다고 했다. 그 며칠이 얼마나 불편하고 지루하던지 몸살이 날 것만 같았다. 아무튼 집에는 주부가 있어야 된다며 속내를 털어놓았다.

부부는 참으로 이기적인 사람들이다.

부인이 관광 여행을 간 것도 아니고, 딸아이의 해산바라지를 위해 집을 비웠다. 그쪽의 사정으로 해서 며칠 날짜가 늘어졌다. 그런가 하면 어머니는 딸과 가깝다. 그러니 내 몰라 하고 돌아오기가 어려울 것이다. 그런데도 빨리 돌아오라고 성화다. 입장이 바뀌어 남편이 집을 비워도 크게 다르지 않을 성싶다. 상대방의 처지를 헤아려 볼 생각은 하지 않고 자신의 형편만을 앞세우려 드는 게 사람의 마음이다.

꽤 오랫동안 함께 살아온 부부의 이야기를 들었다.

남편이나 부인이 밖에서 이성을 만나는 경우가 있다. 어쩌다 남편이 낯모르는 여인과 만나거나 식사라도 하는 것을 보면 경위를 들어보지도 않고 의심부터 하기 마련이다. 심지어 동창회에 참석하는 것조차 색안경을 끼고 바라보는 사람도 있다. 부인의 경우도 매한가지다. 어릴 적 친구나 고향 사람을 만날 수 있고, 동창생이나 직장 동료를 만날 수도 있다. 아무튼 부인이 집안에 있는 것만으로도 행복할 것이라고 믿는 남편이라면 참으로 이기적인 사람이다. 세상이 엄청나게 달라졌다. 남편도, 아내도 동성뿐 아니라 이성과도 만나고 싶어 한다는 사실을 인정해 줄 필요가 있다. 또한 그렇게 만날 수 있도록 하려면 부부 사이에 비밀이 있어서는 안 된다.

믿음이 필요하다.

사람은 누구나 무지갯빛 한살이를 꿈꾼다.

무지개는 아름답지만 쉽게 볼 수 있는 게 아니다.

그래서 꿈꾼다고 표현한다. 결혼 생활도 마찬가지다.

비록 사랑으로 맺어진 사람들이라 해도 성격이며 취향이며 가치관이 달라 갈등이나 마찰이 있을 수밖에 없다. 조금씩 양보하면서 살아가는 게 좋다. 마치 거래를 하듯 이해득실을 따지거나 다른 사람들과 비교하는 것은 바람직하지 않다. 서로를 이해하고 배려하면서 소박하게 살아가면 꿈은 이루어지게 마련이다.

나이를 먹어 갈수록 조금씩 다른 속도로 살아가는 데 익숙해져야 한다. 혼자 여행을 하거나 영화를 보러 다니고, 취미생활을 다양하게 넓히는 게 좋다. 또한 사람을 가리지 말고 사귀어 두는 것도 좋은 방법이 될 수 있다. 다들 열심히 살고 있다고 생각하지만, 따지고 보면 죽음을 향해 종종걸음으로 달려가고 있는 셈이다. 그러나 어느 누구도 죽으러 가고 있다고 말하지 않는다. 그런가 하면 자기에게는 되도록 더디 오기를 바라는 게 사람의 마음이다. 하지만 운명은 그렇게 단순하지가 않다. 부부도 언젠가는 헤어져야 한다.

정신분석학자 프로이트와 시인 릴케의 이야기가 생각난다.

두 사람은 어느 날 함께 산책을 했다. 아름다운 여름날이었다. 꽃들이 만발하고 초원에는 화려한 색깔의 나비들이 춤을 추었다. 프로이트는 모처럼 야외에 나와서 기뻤지만, 릴케는 고개를 푹 숙이고 땅만 보며 걸었다. 내내 말이 없었다. 릴케가 아름다움을 몰랐던 것은 아니다. 그는 이 모든 아름다움이 소멸할 운명이라는 것, 겨울이 오면 사라진다는 것, 인간의 모든 아름다움과 인간이 창조했거나 창조할 아름다움도 그와 마찬가지라는 것을 지나쳐버릴 수가 없었던 것이다. 프로이트는 릴케의 생각에 공감하지 않았다. 그에게는 곧 스러지더라도 무엇인가 매력적인 것을 사랑하는 것이야말로 심리적인 건강성의 증거였다. 그러나 릴케는 비록 불편하기는 해도, 아름다움에 깊이 사로잡힌 사람들이 아름다움의 덧없는 본질을 의식하면서 그것 때문에 슬퍼할 수 있다는 사실을 내다보았던 것이다.

이 이야기를 빌려 우리네 사람살이를 생각해 본다.

너나없이 죽음 앞에 무력할 수밖에 없다. 그렇다고 해서 사랑하는 배우자가 서서히 무너져 가는 모습, 또는 언젠가는 헤어질 것이라는 사실을 떠올리며 미리부터 궁상을 떨 필요는 없다. 하지만 부부의 정이 아무리 깊어도 죽음을 뛰어넘을 수 없지 않은가. 그렇다면 한 사람씩 떼어놓아도 살아갈 수 있어야 한다. 사람에 따라서는 살림에 아둔한 경우가 있는가 하면 기계를 다루는 데 서툰 경우도 있다. 따라서 남자든 여자든 혼자서 살아가는 데 필요한 최소한의 요령은 터득해 두는 게 좋다. 밥 짓기, 빨래하기, 전구 갈아 끼우기 같은 자질구레한 일들을 제 손으로 처리할 수 있어야 한다. 더구나 앞으로의 생활 구조는 점점 더 가전제품에 의존하게 될 터이므로 취사도구며 음향기기 같은 것들을 혼자서 다룰 수 있도록 훈련해 둘 필요가 있다. 옛말에 이르기를 내 손이 내 딸이라고 하지 않았던가.

사람의 한살이가 그리 길지 않다.

어영부영하다 보면 저만치 종착역이 보인다.

그때쯤이면 하루해가 무척 짧게 느껴지고, 인연 맺은 사람들과 헤어지는 게 두려워지기도 한다. 오는 데는 순서가 있어도 가는 데는 순서가 없다. 두 사람 가운데 한쪽이 먼저 떠나기 마련이다. 헤어질 준비가 필요하다. 스스로의 힘으로 일상을 꾸려갈 수 있도록 터득해 두어야 한다. 그뿐이랴. 살아갈 날이 줄어 든 만큼 가능한 한 함께 보내는 시간을 늘리려는 노력이 필요하다. 사람의 한살이를 어떻게 마감할 것인가는 그 사람의 인생관과 마음가짐에 달렸다. (2007)

허수아비야, 허수아비야

누렇게 익어 가는 들판을 걷고 있다.

코스모스는 환하게 웃고 새들은 노래를 부르며 반긴다.

파란 하늘에 흰 구름은 느릿느릿 흘러가고 바람은 산들산들 다가온다. 맑은 물에 발을 담가 본다. 살갗에 배어드는 향긋한 차가움에 취한다. 이 느긋함과 충만함, 먹지 않아도 배가 부르다.

한 해 동안 애쓴 농부들의 모습이 어른거린다.

이른 봄부터 못자리를 만들고, 싹을 틔우느라 정성을 다하였으리라. 서둘러 모내기를 하고, 물을 대고 농약을 치면서 돌보느라 한여름 뙤약볕도 마다하지 않았을 터. 그 같은 수고에 화답이라도 하듯 하늘의 너그러운 보살핌이 있어 올해 농사는 풍작이라 할 만하다. 이제 거두어들이는 일만 남았다. 땀 흘려 애쓴 사람들을 향해 '수고 많으셨습니다' 하고 인사를 드리고 싶다.

저만치 서 있는 허수아비가 아는 체하며 손짓한다.

벼나 과일이 익기 시작하면 새떼가 몰려들게 마련이다. 불청객이다. 멀리 쫓아내야 하지만, 농부들이 지키고 서 있을 수가 없어서 허수아비에게 맡긴다. 그 모습이 가관이다. 굵은 눈썹에 툭 튀어나온 눈망울, 우뚝한 콧날에 쭉 찢어진 입, 거기다 벙거지까지 갖추어 쓰고 제법 위세를 부리려 들지만 모든 게 제각각이다. 우스꽝스럽다. 침입자를 쫓아내는 게 맡은 일이고 보면, 우락부락하거나 조금은 무섭게 보여야 할 텐데 그런 모습과는 거리가 멀다. 더러는 저런 모습으로 어떻게 영악한 침입자들을 물리칠 수 있을까 싶어 미심쩍어 한다. 마음이 놓이지 않아 기다란 줄을 논둑 사방으로 드리워서 깡통을 달아 주고, 오색 천을 얼기설기 엮어서 공포 분위기를 조성해 준다. 과수원에서는 그물까지 쳐주면서 잘 지키라고 당부한다. 예전에는 그런 대로 믿고 맡겼으나 요즈음엔 제 구실을 못한다며 반신반의한다. 궁리 끝에 새로운 장비를 갖춰주기에 이르렀다. 뱀이나 올빼미 같은 포식자의 울음소리, 시끄러운 곤충소리, 꽹과리소리, 총소리, 사이렌소리 같은 것들이다.

허수아비는 마음씨 좋은 이웃집 아저씨에 비길만하다.

들판을 휘젓고 다니던 내 어릴 적 모습이 떠오른다. 추석 무렵 어른들이 성묘를 가면 곧잘 따라나섰다. 풀숲을 뒤져 알밤을 줍고, 메뚜기며 고추잠자리를 잡고, 모자를 삐딱하게 눌러 쓴 허수아비를 보고 우습다고 킥킥거리며 놀려먹기도, 내 모자를 바꿔 씌워 보기도 했었다. 그뿐이랴. 남의 과수원에 살금살금 기어 들어가 잘 익은 것으로 골라 '뚝' 따서 한 입 베먹기도 했었다. 그러다가 도둑이 제 발 저리다고, 인기척에 지레 겁을 먹고 후다닥 뛰어나오다 보면 커다란 허수아비가 두 팔을 벌리고 서 있었다. 두근거리는 가슴을 쓸어 내리며 쳐다보면 우스꽝스러운 모습에 마음이 편안해지곤 했었다. 그런 유년의 순수와 비밀이 옛 친구의 다정했던 모습인 양 그리움으로 남아 있다.

허수아비는 가을 들녘의 낭만적인 정취를 즐긴다.

그는 가을 들판의 충실한 지킴이다. 비바람을 견디어 내고, 잠을 자거나 졸지도 않으며, 심심하다고 해서 자리를 비우지도 않는다. 이따금 참새며 까치들이 찾아와서 알은 체하거나 애교를 부리며 유혹을 해도 넘어가지 않는다. 언제나 눈을 부릅뜨고 침입자를 쫓아내는 데 전심전력을 다한다. 그러다 보면 따분하다는 생각이 들 때도, 고달프고 외로워서 죽겠다며 몸부림치고 싶을 때도 있을 법한데 끄떡도 하지 않는다. 그렇다고 계절의 정취나 그리움을 모르는 것은 아니다. 낮에는 이삭들과 두런두런 허튼 소리를 나누고, 밤에는 별들과 소곤소곤 정담을 나누기도 한다. 그뿐이랴. 들판에 황금물결이 일렁이면 찾아오는 님이 있다. 하지만 멀리서 찾아온 님을 '훠이~훠이' 하고 손사래치며 돌려보내야 하는 슬픈 운명을 타고났다. 그럴 때면 노래를 부르며 허전한 마음을 지그시 눌러 삭이기도 한다.

> 나는 나는 외로운 지푸라기 허수아비
> 너는 너는 슬픔도 모르는 노란 참새
> 들판에 곡식이 익을 때면 날 찾아 날아온 너를
> 보내야만 하는 슬픈 나의 운명
> 훠이훠이 가거라 산 넘어 멀리멀리
> 보내는 나의 심정 내 님은 아시겠지

옛사람들은 삶의 여유와 멋을 소중하게 여겼다.

크고 작은 일에 대해 그렇게 인색하거나 매몰차지 않았다. 지나치게 잇속을 밝히지도 않았다. 설령 집안에 도둑이 들어도 모르는 척 눈감아 주거나 그냥 쫓아버리는 경우가 허다

했다. 때로는 딱한 처지를 이해하고 양식이며 돈냥을 손에 쥐어 주면서 토닥거려 주기도 했다. 그런 고마움을 잊지 못해 나중에 은혜로 갚은 경우도 없지 않지만, 그만큼 잔정이 많았다. 산다는 것은 어디까지나 마음의 문제라는 이치를 터득하고 있었는지도 모를 일이다. 들판을 지키는 허수아비도 그 같은 여유와 잔정에서 태어난 아름다운 풍속이라 할 수 있다.

지키는 사람 열이 도둑 하나를 당하지 못한다고 했다.

제 아무리 눈을 부릅뜨고 지켜도 침입자들을 쫓아내기란 쉽지 않다. 더구나 날이 갈수록 영악해지는 참새며 까치며 까마귀들을 당해내기란 어려운 일이다. 그런가 하면 시대가 바뀌고 주인들도 많이 바뀌었다. 새로운 교육을 받은 젊은 주인들이 실세로 자리 잡았다. 변화의 물결이 소용돌이치고 있는 가운데 시대 감각에 걸맞은 새로운 방식을 부르짖고 있다. 그들이 보기에 허수아비는 한낱 거추장스러운 들러리에 지나지 않는다. 걷어치울 수밖에 없다. 다행히 인정 많은 주인을 만나 붉은 제복을 갖춰 입고 왕궁을 지키는 의장병처럼 의젓한 모습으로 가을 들판을 지키는 행운을 누리는 경우도 있지만, 그런 요행을 아무나 바랄 수야 없지 않은가.

허수아비도 이 같은 사실을 알고 있는 걸까?

그 모습이 예전 같지 않다. 어깨는 축 쳐지고 표정은 일그러졌다. 마치 장난을 치다가 꾸중을 들은 아이같이 시무룩하다. 말을 걸어도 묵묵부답이다. 살살 달래며 말을 걸어본다. 비바람에 시달려서도, 고달프고 외로워서도 아니란다. 개밥에 도토리 모양 천덕꾸러기 신세가 되어 버렸는가 하면, 남아 있는 저들도 언제 쫓겨날지 몰라 불안하단다. 더러는 구시대의 유물이라고, 더러는 아무런 도움이 되지 못한다며, 더러는 거추장스럽다고 몰아세운다나. 그들의 하소연을 듣고 보니 그럴 것도 같다. 후줄근한 모습이 안쓰럽다.

자신을 지킬 수 있는 힘이 없으면 서럽고 불안하다.

허수아비는 힘이나 재주가 부족하고, 상대를 제압할 수 있는 비장의 무기도 없다. 그렇다고 고집이나 주장 같은 것도 있을 리 없으니 아무런 도움이 되지 못한다. 더구나 구시대의 유물이라고 몰아세운다면 더 이상 할 말이 없어진다. 설령 오늘의 서러움을 참고 견딘다고 해도 재기할 수 있는 기회가 주어질 성싶지 않다. 왠지 소박맞은 여인네를 보는 것 같아 마음이 아프다.

새로워진다는 것은 좋은 일이다. 하지만 오래된 것, 소중한 것, 아름다운 것들을 잃게 된다. 그로 해서 삶을 따스하고 기쁘게 해주는 여유 · 웃음 · 멋 같은 것들이 뒷전으로 밀려나 사람살이가 거칠어진다. 고단하고 힘겨워지기도 한다. 하기야 그 뉘라서 거센 변화의 물결을 거스를 수 있을까만, 왠지 모르게 서글퍼진다. 허수아비야, 허수아비야, 버림받고 밀려나는 것이 어디 너뿐이겠느냐. (2007, 매일신문)

* 노래 가사는 1982년도 엠 · 비 · 씨 대학가요제에서 대상을 받은 조정희의 글임.

바다에 고래가 없으면

넓고 넓은 바다에 고래가 없으면 바다라 할 수 없다.

새해 들어 곧바로 고래를 보기 위해 먼 길을 떠났다.

하와이, 보다 정확하게 말하자면 마우이 섬에 갔었다. 그곳에는 12월부터 이듬해 4월까지 짝짓기를 하기 위해서 고래가 몰려온다. 록포트라는 조그만 항구에서 커다란 배를 타고 바다로 나갔다. 가까이서 고래를 볼 수 있다는 설렘과 함께 가없는 바다로 빨려 들어가는 것 같은 두려움이 엇갈려 한동안 말없이 바라보았다. 저 멀리 바다와 하늘이 맞닿은 곳, 하늘이 바다가 되고 바다가 하늘이 되어버린 장엄한 광경, 노을이 무척 아름다웠다.

얼마나 나갔을까, '쿵'하고 부딪히는 둔탁한 소리를 들었다. 배가 충돌한 것이 아닐까, 걱정스러운 마음으로 선장에게 물었더니 고래와 부딪쳤다고 했다. 두려운 마음은 사라지고, 드디어 고래와 만났다는 반가움으로 눈들이 빛나기 시작했다. 여기저기서 커다란 몸뚱이가 불쑥불쑥 치솟았다. 장관이었다. 하나, 둘, 셋…… 하고 헤아리는 소리가 들렸다. 손뼉을 치고 함성을 질렀다. 아내와 나는 그렇게 들뜬 마음으로 아름다운 풍광을 바라보면서 즐거운 한때를 보냈다. 이윽고 드넓은 태평양에 어두움이 내려앉기 시작했고, 그것은 또 다른 감동으로 다가왔다.

고래라고 하면 '물을 내뿜는 물고기' 정도로 인식되어 왔다. 우리에게는 '열두 가지 맛'이 난다는 맛 좋은 고기로 널리 알려졌지만.

고래를 제대로 관찰하려면 예비지식이 필요하다. 아는 만큼 기쁨도 크다. 무엇보다 먼저 지켜야 할 것은 '눈으로만 보고 간섭해서는 안 된다'는 것이다.

고래는 그 종류가 80여 종에 이른다. 크게 나누어 고래류, 돌고래류, 쇠돌고래류로 구분할 수 있는데, 이들의 뚜렷한 차이는 몸집의 크기에 있다. 몸길이가 1미터밖에 되지 않는 작은 돌고래부터 25미터가 넘는 대왕고래도 있다. 뱃머리파도를 따라 헤엄치는 돌고래, 호기심이 많아서 아주 가까이 접근하는 밍크고래, 어마어마한 크기의 대왕고래, 30톤이나 되는 덩치로 높이 솟아오르는 혹등고래……, 그 가운데서 밍크고래는 현재 유일한 상업용 고래잡이의 대상이다.

고래는 재주가 많다. 대부분의 고래가 '고래뛰기'를 한다. 머리부터 공중으로 솟아올랐다가 물 속으로 떨어지는 재주를 '고래뛰기breaching'라 하는데, 수면 위에서 하는 가장 인상적인 행동이다. 이런 행동의 원인에 대해서는 아직도 불가사의로 남아 있지만, 학자들은 구애 행위, 동료에게 보내는 신호, 그리고 물고기를 한곳으로 모으는 방법 등 여러 가지로 풀이하고 있다. 또한 어떤 고래는 머리와 상체의 일부만 수면 위로 올렸다가 수면을 때리면서 물 속으로 들어가는 '머리치기head-slap'를 한다. 그리고 공기를 들어 마신 뒤 폭발적으로 숨을 내뿜는데, 이것을 분기噴氣라고 한다.

고래 관찰의 명소로 손꼽히는 곳이 있다.

미국의 뉴잉글랜드는 혹등고래, 멕시코의 바하칼리포르니아는 귀신고래, 호주의 몽키미아는 큰돌고래, 뉴질랜드의 카이코라는 더스기돌고래, 일본의 시코쿠섬은 브라이드고래의 관찰지로 널리 알려져 있다. 우리나라의 울진 앞바다에도 고래 떼가 몰려오고 있다.

고래는 인간의 학대에도 불구하고 친구처럼 가까이 받아

들여지고 있다.

몇 백 년 전에는 지금보다 훨씬 더 많은 고래가 살았을 것으로 보고 있다. 그러나 고래잡이의 허용에 따른 갖가지 형태의 고래 사냥, 고기잡이 그물에 의한 부수적 포획, 서식지 파괴, 해양 오염 등으로 해서 멸종 위기에 이르렀다. 마침내 1986년에 고래잡이를 금지하자는 국제협약이 체결되었지만, 아직도 한 해에 1,000마리 이상의 고래가 불법으로 포획되고 있다.

고래는 법으로 보호받고 있는 어족이다. 불법 포획을 방지하고, 소중한 어족 자원으로 관리하기 위해 국제적인 회의를 거듭하고 있다. 몇 해 전에는 울산에서 모임을 가진 바 있다. 이제는 단순한 보호 수준을 뛰어넘어 생태 자원으로 이용하려는 노력이 이어지고 있다. 관광자원으로도 손색이 없다. 이미 세계 곳곳에서 한 해에 1천만 명의 관광객들을 불러모으고 있다. '고래 축제'가 열리는가 하면, '고래 관찰 투어'와 '고래 관찰 하이킹' 같은 프로그램이 빛을 보고 있다. 인기가 높고, 그로 해서 벌어들이는 수입도 엄청나다. 시설을 만들어 잡아 가두거나 사육사가 별도로 훈련을 시키는 것이 아니라 그냥 바다를 헤엄쳐 다닐 수 있도록 해주고 얻는 이득이다. 그야말로 상생이요 친환경적인 이로움이다. 다행스럽게도 우리나라는 3면이 바다요, 고래가 서식하기 좋은 환경을 갖추고 있다. 울산 앞바다에는 참돌고래며 밍크고래 떼가 몰려오고 있다. 우리에게도 가능성이 있다. 시인은 이렇게 노래하고 있다.

> 푸른 바다에 고래가 없다면
> 푸른 바다가 아니지
> 마음속에 푸른 바다의
> 고래 한 마리 키우지 않으면
> 청년이 아니지
>
> 푸른 바다가 고래를 위하여
> 푸르다는 걸 모르는 사람은
> 아직 사랑을 모르지
>
> 고래도 가끔 수평선 위로 치솟아 올라
> 별을 바라본다
> 나도 가끔 내 마음속의 고래를 위하여
> 밤하늘 별들을 바라본다
>
> — 정호승의 「고래를 위하여」 전문

고래가 떠나 버린 바다는 푸른 바다가 아닐 테지.
그런 바다라면 사람살이에도 보탬이 되지 않을 것이고.

바다는 우리에게 많은 것을 내준다. 그러나 서식지 파괴, 환경오염, 불법 포획 같은 일들을 멈추지 않는다면 많은 것을 잃게 될 것이다. 그런데도 사람들은 나 몰라라 하기 일쑤이다. 이제라도 늦지 않았다. 사람들이 생각을 바꾸고 뜻을 모아 실행에 옮긴다면 더 많은 것을 얻을 수 있을 게다. 바다는 자원의 보고이다. 지금껏 많은 것을 건져 올렸을 뿐 아니라 새로운 자원에 대한 탐사와 연구가 이어지고 있다. 그런 가운데 고래가 관광 자원으로서 그 가치를 인정받고 있다. 무한한 가능성을 지닌 바다, 내 마음속에 꿈을 키워 주는 푸른 바다, 그 푸른 바다를 헤엄치고 있는 고래. 그래서 고래의 바다는 곧 사람의 바다라는 생각을 해본다. (2006)

생명과 생명들

햇살이 축복처럼 쏟아져 내린다. 눈을 들어 푸른 하늘을 우러르며 먼 산을 바라본다. 연둣빛과 푸른빛이 어우러져 생명의 환희로 술렁이는 데, 그 사이로 높이 날아오르는 새들……. 아, 오월의 화사함이여.

아카시아 향기가 나를 유혹한다. 골짜기로 찾아드니 새소리며 물소리며 바람소리가 시름에서 벗어나게 해준다. 호젓한 산길을 쉬엄쉬엄 걷다가 지천으로 널려 있는 풀들을 바라본다. 이름을 모르는 것들이 더 많다. 더러는 다른 것들에 가려서 수줍은 듯 겨우 고개를 내밀고, 더러는 앙증맞은 꽃을 피우고, 더러는 가냘픈 몸매에 넝쿨이 무성하다. 개미들이 쉴 새 없이 잎사귀를 오르내리고, 벌들도 붕붕거리며 날아다닌다. 풀과 나무들이 부활시켜 놓은 초록빛 정원에 파묻혀 있으니 콧노래가 절로 나온다.

> 나비야~ 청산 가자~ 범나비 너도 가자~ 가다가~ 날 저물거든~ 꽃잎에 쉬어가자~ 꽃잎이 푸대접을 하거들랑~ 나무 밑에 쉬어가자~ 나무도 푸대접하면 풀잎에서 쉬어가자.

학자들의 연구에 따르면, 꿀벌도 말을 한다던가.

벌들이 날아다니는 모습은 자유분방하다. 때로는 매우 어수선하고 시끄럽게 느껴지기도 하지만, 자신들만의 언어로 질서를 유지하면서 살아간다. 그들은 춤으로 말을 한다. 춤사위 속에는 꿀이 있는 꽃까지의 거리와 방향에 관한 정보가 숨어 있다. 그들 가운데는 아침 일찍 정찰을 나가는 벌이 있고, 정찰벌들이 탐지한 정보에 따라 일벌들이 꿀이 있는 곳으로 날아간다. 이를테면 정찰벌이 아카시아 냄새가 나는 꿀물을 일벌들에게 나눠주며 원형춤을 추면 다들 아카시아 숲으로 날아간다는 것이다. 그뿐이랴. 여왕벌의 권한은 막강하다. 그러나 딸들 가운데 하나가 다른 군락에서 날아온 수벌과 혼인 비행을 마치고 집으로 돌아오면, 그 딸에게 권좌를 내어주고 자신은 새로운 집터를 찾아 길을 떠난다. 민주적인 방식으로 정권 이양이 이루어지는 셈이다.

개미의 모듬살이를 눈여겨보는 것도 재미있다.

개미와 베짱이의 우화를 모르는 사람은 없을 테고, 조금 깊이 들어가 보면 그들 세계에도 질서가 있다. 언뜻 보면 일정한 규율도 없이 마구 돌아다니는 것처럼 보이지만, 일개미들이 먹이를 집으로 운반할 때는 같은 방향으로 질서 정연하게 움직인다. 앞에 나서서 지시하는 작업반장이 있는 것도 아닌데. 다른 개미 집단과 싸움을 할 때는 엄청난 단결력을 보이는가 하면, 진딧물 같은 곤충들을 보호해 주고 그 대가로 단물을 받아서 저장할 줄도 안다. 그뿐이랴. 개미와 인간은 신기하게도 두 세계의 지배자로 성장하는 진화의 역사 속에서 겪어야 했던 많은 문제들을 매우 비슷한 방법으로 해결한 동물들이다. 학자들은 개미를 대표적인 사회적 동물이라고 한다.

생명은 존귀하다. 사람이라고 해서 더 존귀한 것도 아니다.

검게 그을린 나무들이 즐비하다. 산불로 타 죽은 것들이다. 인간의 부주의로 해서 숱한 생명들이 무참하게 희생되었다. 그 가운데는 수백 년이 넘도록 살아온 아름드리나무도, 땅 위를 기어다니는 숱한 미물들도 있었을 것이다. 고작 백 년도 살지 못하는 주제에 자신들이 태어나기도 전부터 생존해 있었던 뭇 생명들을 죽인 것이다. 무릇 생명을 가진 것들은 그들만의 의식 세계가 있다. 벌은 벌의 의식이 있고, 개미는 개미의 의식이 있다. 그런 사실을 받아들이는 것은 일종의 예의이자 인간의 무지를 인정하는 겸손한 태도이기도 하다. 다른 생명들의 의식 속에 깃들인 다양성과 얽히고설킨 가능성을 찬찬히 살펴보는 것은 의미 있는 일이다. 덤으로 우리 자신이 자연의 일부라는 사실을 깨닫기도 한다.

동물들도 종족끼리 으르렁거리며 싸운다. 그러나 상대방에게 부상을 입히는 경우는 있어도 죽이지는 않는다. 하지만 만물의 영장이라고 자부하는 인간은 생명을 대수롭잖게 여긴다. 풀이나 나무를 짓밟거나 죽이고, 짐승들도 아무런 생각 없이 죽이고, 때로는 사람마저 죽인다. 너무나 쉽게 죽인다. 기분을 상하게 했다고 칼이나 흉기를 휘두르고, 하찮은 용돈을 마련하기 위해 총을 쏘기도 한다. 철없는 어린것들이나 나이든 사람들을 무참히 죽이고, 심지어 자식이 부모를 부모가 자식을 죽이기까지 한다. 뿐이랴. 곳곳에서 크고 작은 전쟁을 일으켜 엄청난 재앙을 자초하기도 한다. 전쟁은 사람살이를 비참하게 만든다.

우리는 민족상잔의 전쟁을 치렀다. 수많은 생명이 죽었고, 수많은 가족이 기약 없이 헤어졌으며, 평화스럽던 사회가 하루아침에 풍비박산 나고 말았다. 불과 오십여 년 전의 일이다. 아픈 상처는 아직도 아물지 않았다. 철조망을 사이에 두고 서로 적이 되어 화해하지 못하고 있다. 이 같은 분단은 아마도 전쟁으로 인한 상처 가운데서도 가장 아픈 상처라 할 수 있을 것이다. 그로 해서 빚어지는 고통은 대를 이어 우리네 가슴속에 응어리로 남아 있다. 남북 이산가족 상봉이 오늘도 계속되고 있지만 말로 다할 수 없는 어색함이 깃들인 만남이다. 역사적 교훈은 분명하다. 어떤 이유로도 전쟁은 용인될 수 없다. 증오를 부추기고, 거짓 선동을 일삼고, 생명이 생명들을 무자비하게 죽이기 때문이다.

인간은 만물의 영장이라 할 만하다. 그렇지만 오래도록 번성하지는 못할 성싶다.

저질러 놓은 잘못이 너무 많고 심각하다. 어쩌면 멸망을 자초할는지 모른다는 생각마저 든다. 이루 말할 수 없는 도덕적 타락에다 종족에 대한 무자비한 살상, 한정된 자원의 낭비, 환경오염에다 생태계 파괴에 이르기까지……. 인간이 우주의 지배자는 아니다. 하루살이가 하루를 사는 데 비해 사람은 그보다 조금 오래 살뿐이다. 그런데도 무소불위의 존재인 양 마음대로 짓밟고 파괴하고 죽이는 만행을 서슴지 않고 있다. 자연은 생명의 신비함을 보여주는 신의 창조물이다. 때늦은 감이 없지 않지만, 인간도 자연계의 한 구성원이라는 사실을 겸허하게 받아들여야 할 때가 되었다. 더불어 살아가는 모습은 아름답다.

고요에 잠긴 산사가 낯선 길손을 맞는다.

음력으로 4월 보름, 스님들의 여름철 안거가 시작되는 날이다. 한 곳에 머물면서 수행을 한다. 생물이 번성하는 시기에 밖으로 나돌다가 생명을 밟아 죽이는 죄를 짓지 않으려는 정성이다. 부처님의 뜻에서 비롯된 계율이기도 하다. 7월 보름까지 석 달 동안 침묵·고독·화두와의 처절한 싸움을 계속하게 된다. 일반선원에서는 큰방에 모여서 참선과 울력을 하며 대중생활을 하지만, 무문선원에서는 세 평 남짓한 독방에서 출입문을 밖으로 걸어 잠그고 참선 정진한다. 스스로 택한 지독한 독방 감옥살이인 셈인데도 고통만이 있는 것은 아니라고 한다. 철따라 달라지는 산색이며 계곡의 물소리를 보고 들으면서, 밤하늘의 별들과 교감하면서 법열을 느낀다고 하니 우리네 범인들로서는 엄두도 내지 못할 일이다.

나도 들어앉고 싶다. 세상과 담을 쌓고 선방에 들려는 것은 아니다. 그럴 자격도 없다. 하지만 그 동안 너무 분주하게 살아왔다는 생각이 들기 때문이다. 그렇다고 해서 은둔자나 수도자의 삶을 흉내 내려는 것도 아니다. 밖으로 내닫기만

하는 들뜬 마음을 다잡으며 내면의 길을 통해 사물과 현상 너머의 일들을 생각해 보고 싶다. 또한 온전하게 살아 있음에 감사하면서, 남은 세월을 어떻게 보낼 것인가를 생각해 보고 싶다. 나아가 생명에 가리어진 다른 생명들에 대한 이해와 생각의 깊이를 더하고 싶다. 살아 있는 것들은 모두가 한 목숨인 것을. (2007, 대구문학 여름호)

남

사랑 이야기

아내와 함께 '천년학'을 보았다.

영화를 볼 때보다 보고 난 뒤의 울림이 더욱 애잔하다.

아름다워서 슬픈 영화라는 생각이 들기도 한다. 그러나 취향에 따라서는 지루하고 재미없는 영화일 수 있고, 뚜렷하게 와 닿는 게 없어서 혼란스럽다는 생각을 할 수도 있다. 더구나 화끈하게 달아오르기를 기대한다면 실망할 수도 있겠다. 하지만 찬찬히 되씹어 보면 여유와 깊이를 느낄 수 있는 아름다운 영화라는 생각을 하게 된다. 감독에게 갈채를 보내고 싶다.

영화의 줄거리를 되새겨 본다.

주인공인 동호와 송화는 남남이지만, 소리꾼인 양아버지에게 맡겨져 남매가 된다. 소리와 북 장단을 맞추며 자라난

두 사람은 어느새 애틋한 마음을 갖게 된다. 하지만 동호는 마음속의 연인을 누나라 불러야 하는 괴로움을 견딜 수 없어 집을 떠난다. 시간이 많이 흐른 뒤, 다시 한번 북 장단을 맞추며 송화의 눈이 되어 주고 싶어 동호는 길을 나선다. 하지만 운명은 잠깐의 만남과 긴 이별이 엇갈리면서 자꾸만 비껴간다.

나는 두 가지 아름다운 것을 보았다.

하나는 눈부시게 아름다운 이 땅의 사계를 두루 담아낸 영상이고, 다른 하나는 격조 높은 사랑의 실체이다. 눈먼 누이가 불편 없이 살아갈 수 있도록 집을 짓는 동생의 마음은 사랑의 발현이다. 그리고 모래바람이 이는 중동에서 고생할 동생을 생각하며 티·비의 프로그램을 찾고 있는 누나의 마음이 사랑이요, 자식이 명창 될 명당자리에 묻히기를 바라는 아비의 마음이 사랑이며, 자기 자식이 아닌 줄 알면서도 내색하지 않고 어린것을 보살펴 주는 마음이 사랑이다. 그런가 하면 목에 가시가 걸린 짝사랑의 여인을 들쳐업고 맨발로 십리 길을 달려가는 마음이 사랑이다. 그들은 흔해빠진 '사랑한다'는 말을 한마디도 하지 않았지만, 그것이 오래된 우리네 사랑법이다. 마치 뭉근한 불로 정성껏 우려내는 진국 같은 사랑이라고나 할까.

요즈음 사람들의 사랑법은 다분히 직설적이다. 오래 기다릴 것도 없이 그 자리에서 좋으면 '좋다' 싫으면 '싫다'고 분명하게 말한다. 그런가 하면 보고 싶으면 언제든지 전화하고, 그것도 모자라 사진을 찍어 보내고, 문자로 매시간 사랑을 확인한다. 그뿐이랴. 때와 장소를 가리지 않고 스스럼없이 애정을 표현하기 일쑤이다. 그런 세태에 익숙해진 사람들에게는 영화 속의 장면들이 싱겁고 답답하게 느껴질는지 모르겠다. 하지만 가끔은 예전의 사랑법이 그리워질 때가 있다. 좋아하는 사람을 먼발치에서 한번 보는 것만으로도 세상의 전부를 얻은 것 같은 기분이 드는 사랑이 있고, 밤새 고치고 고쳐 쓴 편지를 전하지도 못하고 혼자 가슴앓이를 하는 애틋한 사랑이 있고, 손 한번 잡아보지 못한 채 부부의 인연을 맺어 평생을 해로하는 사랑도 있다. 요즈음 사람들에게는 이끼 낀 전설처럼 들릴는지 모르지만, 사랑이란 은근할수록 아름다운 법이다.

가까이 지내던 백발의 시인이 들려주던 말이 생각난다. '우리 부부는 평생을 함께 살아오는 동안 사랑한다.'는 말을 한 번도 하지 않았다. 그러나 서로를 아끼고 존중하면서 아들딸 낳고 행복하게 살았다.' 시인은 가고 없지만, 그 말은 내 가슴속에 꺼지지 않는 등불로 남아 있다. (2007)

미녀와 야수 이야기

'미녀와 야수Beauty and the Beast; 1991' 이야기.

미국의 디즈니사에서 만든 애니메이션Animation인데, 몇 가지 버전이 있다. 프랑스의 작가 드 브몽M. De Bemont; 1802~1885의 원작과는 거리가 있을 뿐 아니라 전달하고자 하는 메시지도 다르다. 그 줄거리를 옮겨 보면 이렇다.

왕자가 마법에 걸려 야수가 된다.

그의 마음속에 사랑이 없기 때문에 벌을 받은 것이다. 마법에서 풀려나기 위해서는 누군가를 사랑해야 하고, 또한 누군가로부터 사랑 받아야 한다. 그렇지 못할 경우 평생 야수로 남아야 할 운명이라는 게 이야기의 전제가 되고, 그 비극적인 상황을 감시하는 것이 요정이 놓고 간 장미꽃이다. 또한 마법에서 풀려날 수 있는 기한은 장미 꽃잎이 시들어 다 떨어지기 전까지다. 등장하는 인물로는 시골 처녀 벨과 그의 아버지 모리스, 그리고 벨을 짝사랑하는 잘 생긴 마을 청년 개스턴이 있다.

모리스가 길을 잃고 늑대 무리에게 쫓기다가 성안에 들어가게 되고, 마법에 걸린 야수의 포로가 된다. 아버지를 찾아 나선 벨이 아버지 대신 야수의 볼모가 되기로 희생함으로써 아버지를 구해 낸다. 처음 얼마 동안 벨과 야수는 심한 갈등을 겪지만 우여곡절 끝에 서로 가까워지고, 마침내 야수는 벨을 사랑하기에 이른다. 야수가 사랑에 눈을 뜬 것이다. 이 같은 상황은 마법을 풀기 위한 하나의 조건이 된다.

풀려난 벨의 아버지는 딸을 구출하기 위해 마을 사람들에게 구원을 요청한다. 하지만 아무도 그의 말을 믿으려 하지 않는다. 개스턴은 야수를 보았다는 벨의 아버지를 정신 병원으로 보내는가 하면, 그를 풀어 주는 조건으로 벨과의 결혼 허락을 받아내려는 음모를 꾸민다. 한편 마법의 성에 갇힌 벨은 시간이 갈수록 인간적인 정을 보이는 야수와 더욱 가까워지고, 그러다가 마법 거울을 통해 아버지가 자신을 찾아 헤매다가 위기에 처한 것을 알게 된다. 야수는 벨이 아버지 때문에 괴로워하는 것을 보고, 자신이 희생할 것을 각오하고 벨을 아버지에게 돌려보낸다. 드디어 벨은 아버지를 구해 집으로 돌아오고, 벨은 마을 사람들에게 야수가 무섭지 않을 뿐더러 자신의 친구라고 설득한다.

마법의 성안, 마을 사람들과 야수 사이에 싸움이 벌어진다. 사랑하는 벨을 떠나보내고 모든 것을 체념한 야수는 개스턴의 화살을 맞는다. 그러나 달려 온 벨을 보는 순간 살아야겠다는 의지로 격투를 벌이는 데, 그 과정에서 개스턴이 비겁하게 등 뒤에서 찌른 칼을 맞고 성 아래로 떨어진다. 그 순간 벨은 야수에게 사랑을 고백하고, 장미의 마지막 꽃잎이 떨어진다. 마침내 마법이 풀리고, 야수는 왕자의 모습으로 되살아난다. 왕자와 벨은 축복 속에 뜨거운 입맞춤으로 서로의 사랑을 확인한다.

사랑은 거짓이 없지만, 사랑한다는 말은 거짓일 수 있다.

너나없이 행복해지려고 애써 노력한다. 결혼이라는 이름으로 짝을 이루는 것도 그런 노력 가운데 하나이다. 그러나 낯모르는 사람이 만나서 행복을 누리기란 결코 쉬운 일이 아니다. 설령 부부의 인연을 맺었을지라도 행복을 누리기까지는 숱한 고비를 넘어야 한다. 살다 보면 상대방의 성격이나 신체의 결점으로 해서, 생활환경이나 가치관의 충돌로 해서, 양쪽 집안의 이해 부족이나 마찰로 해서 갈등에 빠지게 마련이다. 따라서 상대방을 이해하고, 배려하고, 때로는 희생을 감수할 줄도 알아야 한다. 그것이 부부의 사랑이다. 말씀에도 이르기를 사랑은 모든 것을 참으며, 모든 것을 믿으며, 모든 것을 견디는 것이라고 하였다. 그러나 일시적인 충동과 변덕과 기분에 치우쳐 갈라서는 사람들도 없지 않다.

얼마 전 미국의 팝 뮤직 가수인 브리트니 스피어스Britney Spears의 결혼 소식은 많은 사람들을 어리둥절하게 만들었다. 그도 그럴 것이 결혼식을 올린 지 반나절도 되지 않아 결혼 무효 신청을 했기 때문이다. 근간 우리네 살아가는 모습도 크게 다르지 않다. 발표된 자료에 따르면, 결혼식을 올린 두 쌍 가운데 한 쌍 꼴로 이혼율이 높아졌으며, 더욱 심각한 것은 황혼 이혼이 날로 늘어나고 있다는 사실이다. 이러한 현상은 미국과 스웨덴에 이어 세 번째라고 했다. 구태여 백년해로百年偕老라는 말을 들먹일 것도 없지만, 어쩌다 우리네 사람살이가 이 지경에 이르렀는지 되돌아보지 않을 수 없다.

미녀와 야수, 그리고 우리네 사람살이.

왕자가 마법에 걸린 것은 마음속에 사랑이 없기 때문이다. 또한 버릇이 없고 이기적인 왕자가 스스로 사랑하는 방법을 터득함으로써 다른 사람들로부터 사랑 받을 수 있도록 하려는 깊은 뜻이 있다. 그리고 이 같은 비극적 상황의 해결은 기적에 의해서가 아니라 희생과 인내를 필요로 하는 고뇌의 길이라는 것을 암시하고 있다. 다시 말해서 사랑이란 어느 날 갑자기 백마를 탄 기사가 자기 앞에 나타나는 기적이 아니라는 것이다. 따라서 갈등과 고뇌가 따르게 마련이고, 상대방에 대한 이해와 배려, 믿음과 희생으로 비극적 상황을 감내함으로써 사랑이라는 아름다운 열매를 얻을 수 있다는 사실을 일깨워 준다.

부부란 사랑스런 적의 관계라 할 수 있다.

설령 사랑으로 맺어진 사이라 할지라도 생각이며 습관이며 환경이 서로 다른, 그로 해서 처음부터 갈등과 대립의 소지가 내재되어 있는 이성간의 만남이다. 이 같은 모순적 구조는 공존할 수밖에 없는 상황이기도 하다. 따라서 갈등과 대립이 있다고 해서 그 상황으로부터 도피함으로써 해방되거나 자유로워질 수 없고, 모순 구조 자체를 파괴해 버릴 수도 없으며, 어느 한 쪽을 택해 다른 한 쪽을 지배할 수도 없는 것이다. 따라서 양보와 인내로 갈등과 대립을 극복하는 것이 최선의 방법이다. 이따금 뜨거운 입맞춤을 통해 저마다의 사랑을 확인해 보거나 행복을 검증해 볼 일이다. 천 번의 입맞춤, 그리고 또 백 번. 다시 천 번, 그리고 백 번. 그런 다음에 다시 천 번, 그리고 또 백 번. 로마 시대의 시인 카툴루스의 말이다. (2006)

박물관 나들이

오랜만에 기차를 타고 남쪽으로 향했다. 한동안 화제가 되었던 케이·티·엑스 열차를 처음 타 보았다. 창밖으로 보이는 들판을 쏜살같이 스쳐 지나갈 뿐 새마을 열차보다 못하다는 생각이 들었다. 안전성과 편의성이 뒷받침되지 않은 채 빠르기만을 앞세우는 것은 아무런 의미가 없지 않느냐고 했더니, 동행하는 글벗이 "하긴, 그렇지" 하며 화답했다. 따뜻한 차를 마시며 이야기를 나누다 보니 어느새 종착역인 부산에 닿았다. 지하철로 갈아탔다.

처음 가는 길이라서 묻고 또 물어서 부산박물관에 들어섰다. '대영박물관 부산전'이라는 커다란 현수막이 걸려 있고, 이른 아침 시간인 데도 꽤나 많은 사람들이 줄을 서서 기다리고 있었다. 영국까지 가서 보기는 힘든 일이라는 생각이 들어서 먼 길을 마다하지 않았다. 미리 자료를 살펴본 터라 주저하지 않고 문턱을 넘었다.

유물들과 대화를 나눌 채비를 갖추었다.

고대 근동관, 인류 문명의 서막을 열었던 메소포타미아 지역의 찬란한 유물들이 기다리고 있었다. 푸아비 여왕의 수금과 마주했다. 왕비를 따라 순장된 여인의 손길이 수금 줄에 닿아 있었다는 발굴 당시의 일화가 전해지고 있는 유물이다. 4600여 년 전의 유물이라고 믿어지지 않을 만큼 정교하고 아름다웠다. 이어서 인간에게 정복당하는 자연을 형상화했다는 죽어가는 사자상을 보았다. 왕의 수렵 장면을 묘사한 벽면 장식 가운데 하나라고 하던가. 그리고 화려한 왕실 보석과 장신구들을 바라보면서 인간들의 허영과 욕망의 한 자락을 떠올려보았다. 고대 이집트와 수단관에 들어섰다. 3000년 전 여인의 미라와 화려하게 장식된 미라의 관을 보았다. 어차피 육신은 썩어서 자연으로 돌아가야 할 터인데, '무엇이 아쉬워서 저토록 화려하게 장식하고 다듬었을까?' 하는 생각이 들었다. 이집트를 지배했던 람세스 4세가 신에게 향료를 바치기 위해 무릎을 꿇고 있는 모습의 석상도 보았다. 그리스와 로마관으로 발길을 옮겼다. 2500년 전에 만들었다는 젊은이의 나체상과 청동으로 만든 헤르메스상을 보면서 이상적인 육체의 아름다움에 대해 생각해 보았다. 멧돼지를 잡는 헤라클레스를 그린 그리스 토기도 거기에 있었고, 오렌지 빛이 감도는 바탕에 흑색으로 인물을 그려 놓았다. 술의 신으로 일컬어지는 디오니소스상 앞에서 옷 주름을 바라보다가 신라 시대의 불상과 우리네 장인들의 솜씨를 떠올려보았다. 그 단단한 화강석을 마치 떡 주무르듯 깎고 다듬어서 우아한 자태의 불상이며 탑을 만들지 않았던가. 선조들의 치열했던 장인 정신을 되새기면서 의자에 앉아 숨을 돌렸다.

르네상스 이후의 미술 작품들을 보았다.

다 빈치, 라파엘로, 루벤스, 뒤러, 렘브란트, 고야 같은 천재들의 작품들과 만날 수 있어서 기뻤다. 섬세한 묘사의 초상과 자화상, 책 표지 그림을 위한 디자인과 투우장 모습을 그린 그림을 보면서 그들의 작품 세계를 되새겨 보았다. 말년의 고야는 귀를 먹은 데다가 시력마저 잃어 가면서도 황소처럼 작품에 매달렸다고 하지 않았던가. 선사 시대와 유럽관, 아프리카 · 오세아니아 · 아메리카관에서 조각과 돌 구슬, 전투용 도끼며 유물함, 손잡이에 고리가 달린 황금 컵, 소금 그릇 같은 귀한 유물들을 보았다. 머릿속에서 동서와 고금이

겹치고 엇갈리면서 감탄사가 절로 나왔다. 끝으로 아시아관에 들어섰다. 서기 2세기경에 만들어진 서 있는 간다라 불상과 3000년 전 중국의 청동 술항아리를 보았다. 18세기 우리나라의 대표적 화가인 이재관이 그린 조선 선비의 초상화도 보았다. 사실적 기법으로 섬세하게 그렸지만, 정작 드러내고자 했던 것은 선비의 고결한 인품이었으리라. 꽤 오랫동안 꼼꼼하게 살펴보았다. 그런데도 문을 나서기가 아쉬워 한동안 서성거렸다.

목이라도 축일까 해서 나무 밑으로 가서 앉았다. 가을바람이 뒤따라왔다.

의미 있는 나들이였다. 수천 년의 시공을 넘나든 인류 문명을 한자리에서 만날 수 있다는 것은 분명 축복이다. 한 점의 토기와 동전에도 옛사람들의 숨결과 정신이 깃들어 있다. 하물며 300점이 넘는 독특한 유물들을 살펴보면서 고대인들과 교감하고 그들의 삶을 이해하는 계기로 삼을 수 있다는 것은 내 삶에 많은 보탬이 될 것이다. 그런 생각 저런 생각을 하느라 마치 꿈속을 거닌 것 같았다. 문득 생각이 우리네 박물관으로 달음박질을 했다. 그 수효가 그럭저럭 여남은 개가 넘지만 내용은 빈약하기 그지없다. 일반의 인식에도 적잖은 문제가 있다. 아직도 박물관을 골동품이나 고서화 따위를 보관하고 전시하는 곳쯤으로 알고 있을 뿐, 문화 향상에 이바지하는 사회 교육 기관으로 바르게 알고 있는 사람들이 그리 많지 않다. 그런가 하면 평생에 한 번쯤 가보면 되는 곳으로 알고 있거나 아예 관심조차 없는 사람들도 있다. 외국에서는 아이들과 함께 한 달에 한 번 정도는 가보는 곳인데. 아무튼 박물관을 찾아다니면서 안복을 누리는 것도 사람살이의 즐거움이라 할 수 있을 터인데, 많은 사람들이 먹고 산다는 일에 빠져서 그런 즐거움에 눈을 뜨지 못하고 있다. 의 · 식 · 주가 사람살이의 전부는 아닐 텐데…….

바람이라도 쐬고 싶어서 바닷가로 향했다.

달맞이 언덕, 나폴리 해안이나 몽마르트 언덕 못지않게 풍광이 좋은 곳이라는 생각이 들었다. 구불구불한 오르막길과 내리막길이 있는가 하면, 산을 등지고 바다를 내려다 볼 수 있는 이름만큼이나 아름다운 곳이다. 연인들이 산책을 하거나 달맞이를 하면서 속삭이는 데 어울리는 분위기라고나 할까. 그러나 무분별한 건축물들이 눈살을 찌푸리게 하고, 자동차에서 뿜어내는 매연이나 소음이 마음을 아프게 한다. 자연은 신이 만들고 도시는 사람이 만든다고, 제 아무리 빼어난 솜씨라 해도 인위적인 구조물이 자연의 아름다움을 뛰어넘을 수는 없는 일이다. 먼 훗날을 내다보는 겸손한 마음가짐으로 다듬고 가꾸었으면 좋으련만…….

한적한 바닷가에 자리 잡은 음식점에 들었다. 시끄럽지 않아서 좋았다. 먹고 마시는 가운데 박물관에 관한 이야기가 이어졌다. 아직 가본 적이 없는 미지의 세계를 다녀온 느낌이라고 했다. 오래도록 잊혀지지 않을 감동이라고도 했다. 나 또한 같은 생각이었다. 소슬한 가을바람에 기분이 상쾌했다. 갈매기들이 높고 푸른 하늘을 자유롭게 날며 원무를 즐기고 있다. 나 또한 저들을 따라 훨훨 날고 싶다. 더 높게, 더 넓게, 더 멀리……. (2005)

어느 전시장에서

지나다가 아무런 생각 없이 찾아들었다. 찻사발 전시가 열리고 있었다. '바람에 흙을 묻힌 세월'이라는 주제가 마음에 들었다. 이따금 그림전이나 조각전이나 서예전 같은 데 가보면 예술이니, 작품이니 하는 높은 문턱에 주눅이 들거나 비엔날레 같은 낯선 외래어로 해서 거부감을 느낄 때가 더러 있다.

한 바퀴 돌아보았다. 크고 작은 찻사발들이 갓 시집온 새색시처럼 다소곳이 앉아 있었다. 모양이며 빛깔이 간결하고 소박하게 느껴졌을 뿐 아니라 '도자기란 흙과 불과 사람의 정성이 빚는 것'이라는 도공의 꾸밈없는 설명이 친근하게 다가왔다. 한동안 이야기를 나누었다. 어수룩하게 살아가는 그의 모습을 보면서 흙과 도자기와 차를 사랑하는 풍류인이라는 생각을 해보았다.

그가 만든 찻사발을 바라보고 있으면 편안하다.

진열장 속의 예술품이 아닌 일상에서 손쉽게 만날 수 있는 그릇이라는 생각 때문인지 모르지만, 밑바닥 사람들의 웃음과 눈물이 얼룩진 모습이 떠올라 친근하게 느껴진다. 그로 해서 차의 빛깔과 향과 맛을 즐기기에 안성맞춤이라는 생각을 하게 된다. 그렇다고 해서 볼품없는 것들이라는 뜻은 아니다. 그의 찻사발은 크게 나누어 김해金海 다완, 정호井戶 다완, 삼도三島 다완, 입학立鶴 다완, 사토砂土 다완, 분청粉靑 사기 같은 것들인데, 하나같이 말차末茶의 맛과 향과 멋을 넉넉하게 즐길 수 있도록 해준다. 뿐이랴. 우리네 전통 도자기에 대한 사랑이 남달라 '가야 토기'며 '조선 막사발'의 재현에 열정을 쏟고 있다. 그런가 하면 차그릇에 대해 까다롭기로 소문난 일본에서 지금껏 여러 차례 초대전을 가진 바 있을 뿐더러 높은 값으로 팔리고 있다. 그럭저럭 흙과 가마를 벗한 지도 반백년이 넘었다고 하던가.

도자기라고 하면 청자나 백자를 떠올리기 일쑤이다.

그것들은 어디에 내놓아도 손색이 없는 자랑거리이다. 고려청자, 그 아름다움은 맑고도 깊은 푸른 빛깔과 기품 있는 곡선이 멋진 조화를 이룬 데에 있다. 또한 조선 백자는 우리 민족의 성정과 그들이 즐기던 빛깔을 소박하게 담아냈다는 데 있다. 이를테면 대접·주전자·병·잔·항아리 같은 것들의 단순하면서도 아름다운 곡선이며 돋을무늬나 누비주름이 돋보이고, 회청灰青이나 분청粉青 또는 회백灰白이나 유백乳白 같은 은근한 간색間色이 보는 이를 편안하게 해준다. 그만큼 우리네 선조들에게는 빼어난 안목이 있었다. 반면에 중국이나 일본의 도자기들은 선명한 원색이며 수다스러운 장식으로 해서 미적 감흥이 떨어진다. 대저 빛깔이나 형식이 너무 기발하거나 잔재주가 많으면 천박해지기 쉬운 법이다. 하지만 우리네 선조들은 고졸하고 겸허한 데서 아름다움을 찾았다.

물건의 태깔은 풍토나 성정을 닮게 마련이다. 그래서 우리네 도공들이 만든 도자기는 이 땅의 자연 환경이며 소박하고 뽐내지 않는 마음씨와 깊은 관계가 있다.

우리네 가을하늘은 눈이 시리도록 높고 푸르고 맑다. 단순한 듯 은은한 아름다움이 가슴을 설레게 한다. 고려 사람들은 이처럼 맑고 푸른 하늘빛을 고려청자에다 고스란히 옮겨 놓았다. 그들은 자신들이 빚은 청자색이 흐뭇하고 자랑스러워 중국 청자의 비색秘色과 분별하기 위해 스스로 이름지어 비색翡色이라 불렀다. 또한 이 같은 비색 [illegible]에다 마음을 가다듬어 무늬를 아로새긴 게 상감청자象嵌靑瓷인데 제아무리 호사스런 비단이라 해도 견줄 바가 못 된다. 그러나 고려 도공들의 안목이나 예지에 그 뉘라서 감탄하지 않을 수 있으랴.

조선 사람들을 백의민족이라 불렀다. 흰옷을 즐겨 입는다는 뜻이다. 그로 미루어 보아 백자의 흰색은 흰옷과 불가분의 관계가 있다. 흰색은 상대방을 거절하거나 가로막는 대립의 빛깔이 아니라 어질게 받아들이는 빛깔이요, 정겹게 다가와서 하나로 포개어지는 빛깔이다. 안으로 부드러움을 지니면서 겉으로는 고요를 이루는 정숙한 빛깔이어서, 가까이 다가간 사람의 마음을 안온하게 감싸주는 빛깔이다. 또한 순수하고 청결하며, 질박하면서 겸허한 빛깔이기도 하다. 그것은 감각적인 깨끗함을 뛰어넘어 정신에 의해 생겨나는 빛깔, 다시 말해서 마음과 정신의 소산인 것이다. 마치 달빛이 새어드는 창호지의 은근함 같다고나 할까.

물건이란 쓰임새나 쓰는 사람의 분수에 맞아야 제격이다.

흔히들 청자나 백자를 귀족에, 질그릇은 상민에 비유한다. 그것은 청자나 백자가 양반들의 사랑을 받은 반면에 질그릇은 민서들과 애환을 함께 했기 때문일 터이다. 청자나 백자는 태깔이 아름다워서 호사를 누리는 데 비해 질그릇은 투박해서 가난한 살림을 담아내기에 알맞은 세간이다. 그런가 하면 청자나 백자는 양반댁 문갑 위에 버티고 앉아서 저를 조심스럽게 다뤄 주기를 바라지만, 질그릇은 여염집 살강에 얹혀살아도 불평하지 않는다. 그렇다고 질그릇을 솜씨 없는 도공이 에멜무지로 만든 물건쯤으로 생각해서는 안 된다. 어디까지나 그것들의 쓰임새나 쓰는 사람들 때문이다. 목로의 개다리소반에다 청자나 백자 그릇을 올려놓을 수야 없지 않은가.

그릇을 쓸모 있고 그럴싸하게 만들기란 쉬운 일이 아니다.

우리네 그릇은 흙으로 빚은 게 태반이었다. 지금은 뒷전으로 밀려나거나 자취를 감추고 말았지만, 얼마 전까지만 해도 질그릇이나 사그릇이 부엌살림의 대종을 이루었다. 쌀독이며 장독은 말할 것도 없고, 밥그릇이며 반찬그릇 같은 세간을 비롯해서 술병이며 찻잔이며 꽃병 같은 애완물에 이르기까지 대다수가 흙으로 빚은 것들이었다. 그런가 하면 행세하고 사는 대갓집에서는 대를 이어 전해지는 청자나 백자 한두 점쯤은 간수하고 있었다. 그것들 가운데 더러는 빼어난 것도 없지 않았으나 애초부터 아름다움을 의식하고 빚지는 않았다. 시쳇말로 작가 의식을 가지고 의도적으로 만든 게 아니라 도공들이 그저 무심한 마음으로 빚은 것들이었다. 그뿐이랴. 그것들을 사들여 아침저녁으로 매만지던 여인네들의 마음씨 또한 크게 다르지 않았다. 그로 해서 하나같이 살갑고 친근하게 느껴지지만, 쓰기에 편하고 보기에도 아름답다.

문득 우리네 살아가는 모습이 눈앞에 어른거린다.

세상은 넓고 사람도 많다. 살아가는 모습 또한 각양각색이다. 좋은 환경에서 남부럽지 않게 살아가는 사람들이 있는가 하면, 하루의 삶을 위해 몸을 던져야 하는 사람들도 있다. 신분을 중하게 여기는 사람, 재물을 으뜸으로 여기는 사람, 고절스러운 기품을 숭상하는 사람, 자유분방하게 살아가는 사람……, 그런가 하면 죽지 못해 산다는 사람도 있게 마련이다. 그렇다고 남들의 눈치를 살피면서 주눅들거나 열등감에 빠져드는 것은 부질없는 일이다. 살다 보면 때와 장소에 따라 필요한 사람이 있게 마련이다. 마찬가지로, 세간을 장만할 때는 청자나 백자그릇은 물론 사그릇이나 질그릇을 함께 들여놓는다. 제아무리 부잣집이라 해도 청자나 백자그릇 일색으로 갖추지는 않는다. 그것은 청자나 백자그릇에 담아내야 할 음식이 있는가 하면, 질그릇에 담아야 제 맛이 나는 음식이 따로 있기 때문이다. 또한 우리네 사람살이가 반듯이 우아하거나 고귀해야 된다는 법은 없다. 그것은 질그릇처럼 단순하고 투박하게 살아가는 사람들을 얕보는 것은 옳지 않다는 뜻이기도 하다. 더구나 세상은 나 홀로 살아갈 수 없는 곳. 다른 사람을 배려하면서 더불어 하나 될 줄 아는 너그러움이 우리네 사람살이를 보다 아름답게 가꾸어 준다. 그래서 사람살이란 어울림의 미학이라는 생각을 해본다.

내게는 몇 개의 찻잔이 있다. 계절이나 차의 종류에 따라 바꿔 쓴다. 봄이나 여름에는 가볍고 화사한 것을, 가을이나 겨울이면 조금은 무겁고 투박스런 것에 손이 자주 간다. 또한 커피는 반질반질한 세라믹 잔에, 홍차는 투명한 유리잔에, 작설차는 흙으로 빚은 잔에다 따라 마신다. 그 가운데서도 거친 물레 자국이 남아 있는 투박한 찻잔을 좋아한다. 두 손으로 감싸 쥐면 와 닿는 촉감이 좋을 뿐더러 마음까지 편안해진다. 색다른 풍미를 즐길 수도 있다. 그뿐 아니라 조선 막사발 같은 사람이 곁에 있으면 그 즐거움은 배로 늘어난다. (2006)

음악과 사람살이

사람이 이성에 의존해 지내다 보면 가슴이 막힌다. 심하면 우울증에 걸리기도 한다. 그 동안 억눌려 온 감성을 회복해야 가슴이 트인다. 여러 가지 선택이 있을 수 있지만, 음악을 가까이 하는 것도 하나의 방법이라는 생각을 해본다.

음악은 사람살이의 향기요 맛이며 멋이기도 하다.

멋을 사람살이의 꽃이자 삶의 맛이라고 느끼며 살아온 민족이 우리네다. '인생이란 멋지고 달콤한 노래와 같다'고 한 사람도 있다. 그래서인지 모르지만, 근자에 들어 음악을 통해 삶을 보다 넉넉하게 가꾸어 보려는 사람들이 늘어나고 있다. 그 가운데는 고전음악을 즐기는 사람들이 있는가 하면, 대중음악을 좋아하는 사람들도 있다.

나는 관현악・오페라 같은 고전음악을 좋아한다.

학창시절에는 멋모르고 음악 감상실을 들락거렸다.

그 시절 대구에는 고전음악 감상실이 더러 있었다. 녹향, 하이마트, 시보네, 빅토리아, 심지다방 같은 곳이다. 그 가운데서도 '녹향綠香'은 1946년에 문을 연 우리나라 최초의 고전음악 감상실인데, '예육회藝育會'와 불가분의 관계가 있다.

예육회는 아주 오래된 단체이다. 이 단체는 여유를 가지고 장래를 내다보려는 사람들이 모여 스스로 예술을 이해하기 위하여 공부하고 교육하자는 뜻으로 예술의 예藝와 교육의 육育을 따서 예육회라 이름지었다. 지금까지 1500여 차례의 감상회를 가졌으며, 현재도 한 달에 한 번씩 모임을 가지고 있는 정식으로 등록된 단체이다. 이 단체의 회원이던 이창수가 모임을 할 수 있는 장소를 마련해 보자는 제의를 해서 향촌동의 조그만 지하에 고전음악 감상실 녹향을 열었다. 이때부터 녹향은 예육회의 보금자리가 되었을 뿐 아니라 레코드를 가지고 해설을 곁들인 고전음악 감상회를 열었으며, 또한 근처에 있던 미 공보원에서 레코드 콘서트를 열기도 했었다.

처음에는 축음기판을 사용하다가 6・25이후 미군부대에서 흘러나오는 엘·피판을 사용하였다. 그런 가운데 40·50·60년대는 지역 음악가들과 예술인들의 사랑방으로 자리 잡았고, 70·80년대에 들어서는 음악 전공자나 학생들이 드나들면서 고전음악을 보급하는 데 크게 이바지하였다. 그뿐 아니라 클래식 음반이 대중화가 되지 않았던 시절이라 녹향의 소장 클래식 음반들은 음대생들의 교재가 되었고, 녹향과 예육회 활동을 통해 음악계로 진출한 이들도 적지 않다.

오랜 역사만큼이나 드나들던 유명 인사들도 많았다.

가곡 '명태'의 노랫말을 쓴 양명문, 피난시절 난로 옆 탁자에 앉아서 글을 쓰던 소설가 최정희, 강의를 마치면 곧바로 달려오던 양주동과 유치환, 음악 신청용지에 연필로 그림을 그리던 이중섭, 그리고 허만하, 이찬기, 방훈, 서석달, 서병환, 윤장근 같은 이들이 단골이었다. 뿐이랴. 당시 고등학생이던 권기호, 권영진, 노재학 같은 이들도 드나들었다. 휴전이 되어 피난 내려온 문인들과 예술인들이 떠나고 난 뒤에는 박훈산, 신동집, 박양균, 이호우, 최광열, 강우문, 김종길 같은 이들이 자주 드나들었다. 그밖에도 권태호, 이점희, 김진균, 김종환, 박기완 같은 이들은 직접 연주를 했었는가 하면, 음대생이던 김경윤, 김원경, 홍춘선, 이기홍 같은 이들은 음악계로 진출하였다.

그 동안 여러 곳을 옮겨 다니는 우여곡절을 겪었다. 지금은 옛 대구극장이 있었던 건너편에 한국 영상박물관과 나란히 자리 잡고 있는데, 찾아오는 사람들이 없어서 자리가 텅텅 비어 있다. 뿐이랴. 주인 이창수는 어느새 아흔을 바라보는 호호야가 되어 있다. 격세지감을 느끼지 않을 수 없다.

나는 한때 합창단원으로 활동한 적이 있다.

때로는 아름다운 추억으로 되살아나기도 한다.

1962년 경주에서 열린 제1회 신라문화제에 대구코오러스라는 성인합창단의 단원으로 참가했었다. 지휘자는 임성길 선생이었고, 단원은 100명이 넘었다. 황성공원에서 공식 연주가 끝난 뒤 주한 외교사절단을 위한 초청 연주가 있었다. 장소는 불국사의 청운교 돌계단을 무대로 삼았고, 반주는 오르간 하나뿐이었다. 당시 국가재건최고회의 의장이던 박정희 장군과 육영수 여사, 그리고 주한 외교사절단을 모신 자리였다. 준비한 몇 곡을 부르고 나자 앵콜을 요청했다. 더 이상 준비한 악보가 없었고, 남은 곡이라고는 헨델의 오라토리오 '메시아' 가운데 '할렐루야' 한 곡뿐이었다. 난감했다. 그래서 불국사에서 차마 그 노래를 부를 수는 없지 않느냐고 완곡하게 사양하였더니 외교사절단을 위한 자리이니 부르라고 했다. 찜찜한 마음으로 노래를 했으나 예상과는 달리 박수가 오랫동안 이어졌고, 신문과 방송, 그리고 '대한 뉴스'에도 보도가 되었다. 그 시절엔 극장에서 본영화를 상영하기에 앞서 '대한 뉴스'를 상영했었다. 그러나 문제가 생겼다. '신성한 불국사 경내에서 기독교의 종교음악을 연주한 무식한 지휘자'라는 따가운 비판이 일간신문을 통해 쏟아졌었다. 그럴 수밖에 없었던 사연도 제대로 모르면서.

연주가 끝난 뒤 박정희 의장 내외분과 기념촬영을 했다.

어느 사진작가가 찍은 흑백사진을 수소문 끝에 어렵게 구했다. 이따금 사진을 바라보면 감회가 남다르다.

그런 저런 연유로 해서 음악이 내 생활의 일부가 되었다. 음악회가 열리면 다른 일을 제쳐두고 달려가서 객석에 자리 잡는다. 손뼉을 치며 브라보를 외치다 보면 사는 것이 즐겁다. 이따금 해외에 나가는 경우에도 연주회나 공연장을 찾는다. 그뿐 아니라 한 장 두 장 애써 모은 음반도 꽤나 된다. 내 비록 한미한 사람이지만, 그것들을 때와 장소에 따라, 분위기에 따라 골라 듣다 보면 부러울 게 없다. 그렇다고 해서 고전음악만을 고집하는 것은 아니다. 창이나 판소리도 즐겨 듣고, 대중가요를 흥얼거릴 때도 있다.

고전음악을 제대로 즐기려면 예비지식이 필요하다.

아무런 지식도 없이 음악을 감상한다고 해서 안 될 것은 없지만, 그 작품을 만든 사람과 문화적 배경에 대해서 알고 나면 감상하는 즐거움이 훨씬 커지기 마련이다. 아울러 듣고 또 들으면서 이해하려고 애쓰는 열정이 필요할 뿐더러 좋아하는 곡들을 중심으로 한두 곡씩 익혀 나가다 보면 저도 모르게 푹 빠져들게 된다. 그렇다고 해서 시험공부를 하듯 외우려고 든다면 그건 고역일 뿐 아니라 중도 포기하기 십상이다.

아는 사람은 좋아하는 사람만 못하고, 좋아하는 사람은 즐기는 사람만 못하다고 했다. 공자의 말씀이다. 좋은 음악은 향기가 묻어난다. 더구나 고전음악은 시와 낭만과 사랑이 있는가 하면 인간 승리의 환희와 감동이 있다. 그로 해서 마음이 편안해지고 생각 또한 깊어진다. 나아가 사람살이의 품격을 높여주기도 한다. (2007)

5월의 어느 멋진 음악회

— 정명훈, 김선욱, 그리고 라디오 프랑스 필하모닉

싱그러운 계절 오월이다. 밝은 햇빛과 뭇 생명들의 율동이 마음을 설레게 한다.

마치 귀한 잔치에 초대라도 받은 것처럼 서둘러 연주회장을 향했다. 빈자리를 찾아볼 수 없을 정도로 성황을 이룬 가운데 낯익은 얼굴들도 눈에 뜨였다. 간단한 안내에 이어 조명이 꺼지자 잠시 눈을 감고 마음을 다스렸다. 이윽고 연주자와 지휘자가 무대로 나왔고, 가벼운 박수에 미소로 화답했다.

먼저 베토벤의 피아노 협주곡 제4번이 연주되었다.

젊은이피아니스트 김선욱은 이제 겨우 열아홉이다가 먼저 말을 걸었다.

독주 피아노가 혼자서 제1주제를 제시하자 현악 합주가 뒤를 이어받았다. 잇달아 관악기가 화음을 이루어 음량을 키우면서 발전시켜 나갔다. 청춘의 유려함이 묻어나는 분위기였다. 잠시 호흡을 조절한 뒤 2악장을 연주했다. 현악기들이 조금은 음침한 분위기의 주제를 제시하자 피아노가 응답했다. 이어서 피아노와 현악기들이 주거니 받거니 하면서 여유 있는 대화를 나누다가 속삭이듯 조용하게 마무리지었다. 짬을 주지 않고 3악장으로 이어졌다. 현악기들이 아주 여리게 주제를 제시하자 피아노가 이어받았다. 점점 분위기가 달아오르고, 피아노와 현악기들과 관악기들이 함께 어울려 강약을 조절하면서 화음을 이루어 나갔다. 이 곡은 전체적으로 화려한 기교나 낭만적 기교에 치우치지 않는 선이 굵은 남성적인 레퍼토리라 할 수 있다. 그러나 피아노는 베토벤이라는 무게에 짓눌리지 않고 표정을 바꿔가며 약동하듯 가볍게 달려나갔다. 피아노와 오케스트라의 멋스런 대화에 절로 미소가 번졌다.

연주가 끝나자 협연자가 먼저 오케스트라를 향해 경의를 표했다. 지휘자가 협연자를 힘껏 끌어안았다. 마치 아버지가 아들을 다독거리는 모습 같았다.

순간, 터져 나오는 박수와 환호 소리. 지휘자와 협연자가 손을 잡고 객석을 향해 화답했다. 거듭되는 커튼 콜……. 두 사람은 몇 차례나 무대로 나왔고, 오케스트라와 함께 고마움을 표했다.

한동안 장내 정리를 겸한 휴식이 있었다.

다음 연주곡은 베를리오즈의 '환상교향곡'이다.

제1악장은 '꿈과 정열'이라는 표제가 붙어 있다. '슬픔, 상상 속의 행복, 이상적인 여인에 대한 동경'이 고정 악상으로 전개된다. 느린 부분에서는 우울한 꿈이 표현되다가 빠른 부분에 이르러 미친 듯한 격정과 질투가 표현된다. 희열과 실의가 엇갈리며 만들어 내는 고요한 선율이 이어지다가 끝 부분에서는 폭풍처럼 휘몰아치며 장엄한 화음을 들려준다. 제2악장은 '무도회'라는 표제가 있다. 사랑이 표현되는 데, 처음에는 꿈같은 선율이 흐르다가 화려한 왈츠로 바뀐다. 잠시 숨을 고른 뒤 제3악장이 이어졌다. '전원의 정경'이라는 표제가 붙어 있는데, 두 목동이 피리로 주고받는 우울한 노래가 연주된다. 길고 고요한 선율이 차츰 풍성하게 변하고, 그러다가 절정에 이르러 차츰 안정을 되찾는다. 이윽고 '다시 목동의 피리 소리가 들려오지만 다른 목동은 거기에 화답하려 들지 않는다. 황혼 무렵에 멀리서 천둥소리가 들려온다.' 드럼과 호른 솔로가 다음을 준비한다. 제4악장은 '단두대로의 행진'이라는 표제가 있다. '질투로 미친 젊은 예술가는 꿈속에서 그리운 연인을 죽이고 만다. 그는 사형을 선고받고 형장으로 끌려간다.' 중후한 관악기와 타악기의 연주, 그리고 괴기한 바순의 소리가 두드러진다. 행진곡 뒷부분에 사랑의 추억이 다시 나타났다가 오케스트라의 일격으로 끝이 난다. 제5악장은 '마녀의 밤 잔치의 꿈'이라는 표제가 있다. '젊은 예술가는 꿈속에 마녀의 잔치에 참석한다. 소름끼치는 신음소리, 낄낄거리는 웃음소리, 그리운 연인은 마녀가 되어 잔치 자리에 와 앉는다. 진노의 날과 장례식의 풍자, 마녀들의 윤무가 어울려 열광적으로 고조된다.' 힘겹게 절정을 향해 치닫다가 마치 낭떠러지에서 떨어지듯 오케스트라가 장엄하게 끝을 맺었다. 무대와 객석이 다 함께 잠시 숨을 멈추었다.

갈채와 환호성이 쏟아졌다.

커튼콜이 끊이지 않고 이어졌다.

그러기를 세 번이던가, 네 번이던가…… 지휘자는 다시 지휘봉을 잡았다. 앙코르로 오페라 '카르멘'의 서곡을 들려주었다. 그래도 청중들이 자리에서 일어날 기미를 보이지 않자, 지휘자가 객석을 향해 일어서기를 재촉했다. 기립박수가 이어졌고, 이럴 때 기립박수는 끝났음을 의미하기 때문에 아쉬운 작별을 나누지 않을 수 없었다.

작곡가와 연주자와 오케스트라에 얽힌 뒷이야기.

베토벤 피아노 협주곡 제4번 G장조 작품 58번.

이 곡은 대곡이라 할 수 있다. 제2악장이 끝나고 바로 제3악장에 들어가는 것은 새로운 시도라 할 수 있다. 또한 독주피아노가 점점 뚜렷하게 그 모습을 나타내고, 그로 해서 관현악이 더욱 충실해졌다는 사실도 빼놓을 수 없다. 그리하여 피아노와 오케스트라가 저마다의 장점을 살리며 혼연일체를 이룬다는 데 의미가 있다. 이 작품은 1806년에 완성되었지만, 무대에서 초연되기까지는 우여곡절이 많았다. 어렵게 연주자를 찾았으나 작품이 너무 어렵다며 거절했고, 두 번째 찾은 연주자는 마지막 순간에 베토벤의 다른 곡으로 바꾸어 연주했다. 베토벤은 화가 났으나 참고 기다려야 했다. 마침내 그의 귀가 점점 더 나빠지면서 상태가 심각해지자 자신이 직접 연주하기로 결심하기에 이르렀고, 이듬해 그 자신이 초연하였다. 그가 마지막으로 초연한 작품이기도 하다.

엑토르 베를리오즈Hector Berlioz; 1803~1869, 그는 프랑스 사람이다. 그러나 살아 있을 동안 그의 음악은 조국에서 제대로 대접받지 못했다. 오히려 독일에서 더 높이 평가해 주었다.

그가 크게 영향을 받은 음악가는 베토벤이었고, 가장 친한 친구 또한 이탈리아 사람인 파가니니였다. 프랑스에는 그의 선배도 후배도 없었다. 또한 그는 피아노를 칠 줄 모르는 작곡가였다. 작곡가로서 자리를 잡고 난 뒤에 이렇게 말했다. '내가 만약 피아노를 칠 줄 알았다면 남들처럼 피아노곡이나 잔뜩 썼을 뿐 「환상교향곡」이나 「이탈리아 해롤드」 같은 색다른 음악은 만들지 못했을 것'이라고. 그는 표제 음악의 새로운 경지를 개척하는 등 창의적인 노력을 기울였다. 그만큼 참신한 영감의 소유자이기도 했다.

그는 젊은 시절, 영국 여배우 해리에트 스밋슨을 짝사랑했다. 그러나 인기 절정에 있던 유명한 여배우가 가난하고 이름 없는 음악도를 거들떠볼 리 없었다. 그는 거의 미치광이가 되다시피 거리를 헤매었고, 인내의 한계에 도달한 그는 복수를 결심하였다. 그러나 어디까지나 공상 속에서의 복수였다. 그 같은 짝사랑은 결과적으로 「환상교향곡」을 작곡하게 만들었다.

라디오 프랑스 필하모닉 오케스트라.

올해로 창립 30주년을 맞았다. 악단의 가장 큰 특징은 고전주의부터 현대음악에 이르기까지의 레퍼토리를 다양하게 연주할 수 있다는 것이다. 140명이나 되는 연주자들이 여러 개의 작은 앙상블로 나뉘어 여러 형태로 활동할 수 있을 뿐 아니라 다양하고 폭넓은 프로그램을 제공하고 있다. 2005년부터 정명훈을 음악감독으로 맞아 함께 연주활동을 해오고 있는데, 올해 초 미국의 카네기홀에서 연주한 바 있다. 미국 언론에서는 '이 악단은 프랑스 관현악을 프랑스식으로 연주하는 오랜 전통을 가지고 있다'고 평했다. 또한 '정명훈은 지금까지는 이 악단을 세계 정상에 올려놓는 데 성공하지 못했을지 몰라도, 이 오케스트라의 사운드는 머지않아 세계 최고가 될 수 있을 것 같다'고 하였다.

다음은 젊은 피아니스트 김선욱.

지난해 열여덟 나이로 권위를 자랑하는 리즈 피아노 콩쿠르에서 우승했다. 그밖에도 세계의 권위 있는 콩쿠르에서 여러 번 우승한 바 있는 '힘과 기교와 열정을 두루 갖춘 천재 피아니스트'로 평가받고 있다. 그 동안의 열정적인 연주 활동을 통해 차세대를 이끌어 갈 재목으로 주목받고 있을 뿐 아니라 화려한 비상을 꿈꾸고 있다. 정명훈과 김선욱, 두 사람은 리즈 콩쿠르의 선후배 사이다. 그뿐 아니라 그에게 있어 정명훈은 미래의 꿈이기도 하다. 리즈 콩쿠르 우승 직후 장래 '베를린 필하모닉의 지휘자'가 되는 것이 자신의 꿈이라고 밝혔다. 정명훈이 이번 연주에 그를 협연자로 선택한 것은 젊은 시절 자신의 모습을 보았기 때문인지도 모를 일이다.

정명훈과 프랑스 필하모닉은 자유분방한 모습으로 이야기를 풀어나갔다. 기계적으로 앙상블을 맞추기 보다는 아름다운 현악과 밝고 맑은 관악을 그대로 들려주었다.

베를리오즈의 정염과 열정, 욕망과 좌절까지 그대로 담아내며 낭만주의 교향악이 고전주의 시대의 음악과 어떻게 다른가를 보여주었다. 그 동안 독일 관현악의 장중함에 익숙해 있던 터라 신선한 감동을 맛보았다. 흐뭇한 마음으로 연주회장을 빠져나왔다. 살랑대는 바람이 감미로웠다. 이 좋은 계절에 이처럼 멋진 음악을 들을 수 있음은 청복이 아닐 수 없다. (2007)

고독과 집중의 예술혼

— 장욱진 그림전을 보고

보고 싶어서 기다리던 전시였다.

그림도 그림이지만, 평생을 '고독과 집중의 예술혼'으로 살다간 그의 모습과 작품세계를 되돌아보고 싶었다. 그의 그림은 마치 그리다가 만 것처럼 허전하기도 하고, 어떻게 보면 초등학교 아이들이 그려 놓은 것 같이 어설픈 느낌이 들기도 한다. 그래서 더러는 '저 정도는 나도 그리겠다.'며 서슴없이 망발을 늘어놓는 경우도 있다. 어눌하지만 결코 어색하지 않았던 그의 삶과 티 없이 다가오는 반복의 반복 같은, 그러나 결코 반복하지 않았던 그의 작품들은 시대의 변화에도 불구하고 여전히 포근함을 간직하고 있다.

장욱진張旭鎭; 1918~1990은 한국 근·현대 미술사의 한 경지를 개척한 독보적인 존재이다. 그의 삶과 그림, 그리고 생각과 행동은 들추어낼수록 개성적인 발상과 방법이 돋보인다. 또한 서양의 것을 깊이 알면서도 동양적으로 생각하고 행동한 그의 체질과 성정은 곱씹어 봐야 할 유산이라고 할 수 있다. 그의 작품은 재료의 속성을 제외하고는 딱히 서양화로, 혹은 동양화로 부를 아무런 근거가 없다. 특히 전통의 맥락이 선명한 1970~1980년대의 작품들은 더욱 그렇다. 아무튼 그의 작품들은 기존의 서양 미술사나 한국의 미술사로 읽어낼 수 없는 독창성을 지니고 있다. 그러나 그 독창성은 그의 작품이 한국적, 혹은 동양적이기 때문에 그런 것이 아니라 오히려 독창적이기 때문에 한국적인 것이라고 해야 할 것이다. 어쨌든 그의 그림에 대해 형식과 내용만을 가지고 이러쿵저러쿵 이야기할 수는 없다. 그것은 질곡의 삶과 역사가 함께 묻어나는 우리네 자화상과도 같은 모습을 간직하고 있기 때문이다.

그는 자기만의 언어를 강조했다. 그러면서도 보편성을 가진 동시대의 언어를 망각해서는 안 된다고 했다. 어떻게 생각하면 상충되는 말처럼 들리지만, 지금까지 있었던 질서의 파괴가 아닌 기존의 질서 위에 새로운 질서를 강조한 말이다. 곰곰이 생각해 보면, 자기만의 언어가 전통의 질서를 파괴한 채 유행처럼 왔다가 사라지는 새로움이어서는 안 된다는 지적에 공감하게 된다. 그는 까치 · 소 · 개 · 나무 · 집 · 가족 · 해 · 달 · 호랑이 같은 지극히 일상적이고 보편적인 대상들을 동시대의 언어로 사용하였다. 또한 어린아이를 많이 그렸다. 그가 그린 모든 작품에 어린아이가 등장한다. 가족의 일원으로, 동물과 자연의 벗으로, 또는 길상적 · 구복적 도상으로……. 물론 그가 어린아이를 좋아했었기 때문이라고 할 수도 있을 테지만, 그것으로 전체를 설명하기엔 충분하지 못하다. 아무튼 그에게 있어 어린아이는 작품의 소재 또는 주제 이상의 의미가 있다. 그래서 시대와 상황이 변하여도 변하지 않아 좋은 것이 있다면 그가 그리고 꿈꾸었던 아이들일 것이다.

문득 오늘 우리네 글쓰는 사람들의 모습이 떠올랐다.

시대 환경이 엄청나게 달라지고 있다. 그 물살이 몹시 거칠고 세차다. 다들 살아남으려고 안간힘을 쓰고 있는 가운데 글쓰는 사람들도 다양한 실험과 변화를 시도하고 있다. 때로는 엉뚱하다 싶을 정도로 빗나가는 경우도 없지 않다. 그러나 지금까지의 질서를 무시하려드는 성급한 주장이나 행동에는 선뜻 동의하기가 어렵다. 또한 시시껄렁한 이야기로 대중의 관심을 끌려고 하는 데도 뜻을 같이 할 수 없다. 하기야 요즈음 책이 읽히지 않는다. 그렇다고 독자들에게 책을 읽으라고 강요할 수도 없는 일이고 보면 고민하지 않을 수 없다. 어떻게 해야 할까. 독자들의 입맛에 맞춰 흥미위주의 읽을거리를 기계로 찍듯이 써내야 할까? 글쎄다. 문학은 근본적으로 사람살이에 대한 고민과 질문의 산물이다. 고독과 집중이 필요하다. 애초부터 허기와 추위를 느끼며 살아온 처지이지만, 고독을 즐길 줄 알아야 한다. 나아가, 그로 해서 글쓰기에 집중할 수 있다면 청복이라고 해도 좋을 성싶다. 그런가 하면 독자들도 어느 정도의 자기 투자와 이해의 노력이 필요하다. 힘들이지 않고 얻는 것 쳐놓고 변변한 게 없다.

장욱진은 가장 순수하고 세속에 물들지 않은 작가였다.

그는 이렇게 말했다. '나는 단순하다. 때문에 겸손보다는 교만이 좋고, 격식보다는 소탈함이 좋다. 나는 깨끗이 살려고 고집하고 있다.' 그런 생각 때문에 평생을 고독하게 지냈으나 그만큼 그림에 집중할 수 있었으리라. 하기야 고독이 집중을 불렀는지 집중이 고독을 낳았는지 알 수 없지만, 그가 남긴 작품은 하나같이 보석처럼 빛나고 있다. 남다르게 살다간 그가 그립다. (2007)

세월이 말을 걸 때

전시장으로 발걸음을 옮겼다. 애초부터 전시를 보려고 나선 것은 아니었다. 약속이 있어서 나갔다가 조금 일찍 도착하는 바람에 시간을 때우려고 들어섰다. 그림전이 열리고 있었다. 쉬엄쉬엄 돌아보다가 한 작품 앞에 멈추어 섰다. 작품도 작품이지만, '세월이 말을 걸 때'라는 제목에 끌렸다. 골기와 지붕의 추녀와 그 끝으로 고개를 내민 와당, 그리고 단풍이 든 나무를 그린 작품이었다. 왠지 그리움으로 다가오는, 그로 해서 아득한 세월을 떠올려보게 하는 그림이었다.

세월은 길이가 아니라 무게이다. 단순히 시간의 연속쯤으로 인식하는 것은 어리석다. 그도 그럴 것이 사람살이를 통해 맞닥뜨리는 온갖 희로애락이 그 속에 담겨 있기 때문이다. 또한 그것들이 얽히고설키면서 때가 묻고 이끼가 끼면 역사가 되는 것이다. 그래서 놀라울 만큼 깊고 넓으면서도 엄청난 무게로 다가온다. 그 같은 무게에 짓눌리거나 휘둘리지 않으려면 세월과의 대화를 즐길 줄 알아야 하지 않을까 싶다.

이따금 박물관에 간다. 소중한 문화유산과 만날 수 있어서다. 천천히 여유 있는 마음으로 다가서서 눈길을 주고받다 보면 스르르 마음문이 열리고 충만감이 차오른다. 세월을 뛰어넘어 주거니 받거니 하면서 이야기를 나눌 수 있다. 사람살이의 지혜를 터득할 수도 있다. 그런 날은 뜻하지 않은 곳에서 정인을 만난 것처럼 기분이 좋아서 시간 가는 줄 모른다.

박물관 진열장 안에는 숱한 유물들이 있다. 그 가운데 점토를 떡 주무르듯 주물러서 빚어 만든 토우土偶란 게 있다. 언뜻 보기에는 어린아이들이 만든 장난감처럼 서툴러 보인다. 자세는 삐딱하게 뒤틀어졌고, 표정도 웃는지 우는지 분간하기 어렵다. 우스꽝스럽기도 하다. 그러나 한참 들여다보고 있노라면 옛사람들의 질박한 삶이 떠오르고, 순수함이나 고졸한 아름다움이 어떤 것인가를 깨닫기도 한다. 그러다 보면 아는 만큼 보인다고, 아름다움의 의미나 본질까지 꿰뚫어

볼 수 있는 마음의 눈이 열린다. 희열을 느끼게 된다.

얼마 전에는 '북녘의 문화유산 특별전'을 보았다. 북한이 자랑하는 국보급 문화재들이다. 석기시대의 빗살무늬토기, 청동기시대의 칼이며 도끼, 고조선시대의 구리거울, 고구려 시대의 돌사자, 발해시대의 치미와 불상, 고려시대의 범종이며 관음보살상, 조선시대의 백자 금강산 연적과 그 동안 말로만 들어오던 그림들 — 기이한 행동으로 많은 일화를 남긴 최북이 그린 선비들의 피서하는 광경, 겸재 정선의 산수화, 단원 김홍도의 선녀도, 오원 장승업의 게 그림……. 뿐이랴, 특이한 유물도 보았다. 청동으로 만든 고려 태조의 전신 좌상인데, 개성에 위치한 현릉 부근에서 발굴한 것이라고 한다. 쉽게 볼 수 없는 희귀한 유산들이어서 감회가 깊었다. 일찍이 '나는 내 것이 아름답다'고 한 최순우崔淳雨의 말이 떠올랐다.

언제였던가, 한적한 시골 마을에 갔었다.

폐허처럼 퇴락한 한옥을 돌아보았다. 그 마을에서 가장 오래된 집이라고 하던, 어림잡아 백년은 넘었을 성싶은 집이었다. 들보나 기둥 같은 뼈대는 튼튼했으나 사람이 살지 않아서 그런지 구석구석에 이끼가 끼고 풀이 웃자라 을씨년스러웠다. 기왓장도 깨어지고 흘러내려서 군데군데 비가 샌 흔적이 남아 있었다. 예전에는 떵떵거리면서 행세깨나 하고 살던 집안이었을 텐데, 하는 생각이 들었다. 무심코 하늘을 바라보다가 집이나 사람이나 세월의 무게를 이길 수야 없지, 하고 혼자서 중얼거리다가 되돌아 나왔다.

오래된 한옥에 관심이 많다. 구불구불한 골목 어디쯤 자리 잡은 돌담이 있고 마당이 넓은 기와집이면 좋겠다. 대문 따위는 없어도 그만이지만, 인정 많은 이웃이 있었으면 더욱 좋겠다. 그런 집에서 살아보고 싶다. 서툰 솜씨나마 돌담 위에다 박이며 호박 덩굴을 올리고, 마당에는 채마밭을 일구어 무공해 채소도 길러보고, 볕 좋은 곳에다 매화며 감나무며 석류나무 같은 열매 맺는 나무를 심어 벗하며 살고 싶다. 여름에는 별을 헤아리면서 한데서 잠도 자보고 싶다. 그 동안 알음알음으로 수소문을 하면서 돌아보았으나 아직껏 뜻을 이루지 못하고 있다. 집이 마음에 들면 값을 턱없이 많이 불렀고, 값이 적당하다 싶으면 집이나 주변 환경이 마음에 들지 않았다. 그 날도 그랬다. 내가 오래된 한옥을 좋아하는 것은 결코 옛것에 대한 미련이나 막연한 향수가 아니다. 나이가 들수록 사람살이의 의미나 그리움의 뜻, 자연의 아름다움에 빠져들고 있기 때문이다.

기와를 얹은 한옥의 추녀는 멋스럽다. 하늘을 사뿐히 차고 오르는 곡선이며 골을 이루어 흘러내리는 기와 사이로 힘줄인 양 솟은 둥근 기와등은 정말 멋스럽다. 그 기와등이 처마 끝으로 내려와 허공으로 고개를 내미는 곳에 와당이 자리 잡고 있다. 와당이란 우리말로는 수막새인데, 수키와의 끝을 막음하는 장식을 두고 이르는 말이다. 처음엔 그냥 막음 처리만 했었다. 그러다가 무늬를 올리고 글자를 새겨 넣으면서 예술의 경지에 이르렀다. 수많은 와당들이 비슷한 원리에 의해 만들어졌으나 똑 같은 것이 없을 만큼, 와당의 문양에는 그 시대를 살다간 사람들의 멋과 꿈이 살아 숨쉬고 있다. 우리나라에도 삼국시대 이래 아름다운 와당 예술을 꽃피웠다. 연꽃문양, 귀면, 인동문, 보상화문……. 이따금 나는 그것들을 바라보다가 옛사람들의 모습을 떠올려보기도 한다.

집에는 고서화며 도자기 같은 것들이 더러 있다. 수집벽이 있거나 대단한 가치가 있는 것도 아니지만, 어쩌다 인연이 닿아 내 손에 들어온 것들이다. 제법 손때가 묻었다.

짬이 나면 그것들을 펴놓고 완상한다. 처음에는 겉으로 드러난 모습을 훑어보면서 이런저런 생각을 하게 되지만, 차츰 그 속에 감추어진 의미나 아름다움 같은 것을 헤아려 보기도 한다. 누구나 한번쯤 경험해 보았을 테지만, 그 의미를 알고 실물을 대했을 때와 아무것도 모른 채 실물과 마주했을 때의 감흥은 커다란 차이가 있다. 마침내 옛사람들의 모습이 어른거리면서 숨결이 느껴질 때가 있다. 물끄러미 나를 바라보면서 말을 걸어온다. 설레는 마음으로 대화가 이어지고, 여유와 운치와 지혜와 마주치게 된다. 옛사람들의 자취에서 배울 바가 많다. 때와 장소에 따라 그 맛 또한 다르다. 햇살이 잘 드는 아침나절이나 눈이라도 내려 호젓한 분위기가 되면 운치를 만끽할 수 있다. 비록 값나가는 골동이나 보물이 아니라도 상관없는 일이다. 이지러지고 훼손된 것일지라도 세월과의 대화는 조촐한 기쁨이 아닐 수 없다.

사람이 사는 데는 멋이란 게 있다.

멋을 사람살이의 맛이라 느끼며 살아온 민족이 우리네 선인들이다. 때로는 일상의 감정을 조절하는 힘이 되었고, 고달픈 사람살이에서 벗어나는 숨통이 되었으며, 그런 가운데서 정을 느끼거나 즐거움을 느끼고 아름다움을 창조하였다. 제 눈에 안경이라고, 멋도 가지가지다. 우리네 선인들은 느긋하게 바라보면서 한껏 멋을 부렸다. 춘향전에 이런 구절이 있다. '저리 가거라. 가는 태를 보자. 이리 오너라. 오는 태를 보자.' 그런가 하면 어렵게 구해 온 기왓장 하나, 그림 한 폭을 마치 보물이라도 되는 듯 아끼고 어루만지며 즐거워했다.

그러다가 북받쳐 오르는 흥을 가누지 못해 '좋~다' 하면서 무릎을 탁 치거나 아름다운 글귀를 남기기도 했다. 세사에 찌든 사람들은 엄두도 낼 수 없는 아취이자 풍류라 하겠다.

아름다움은 보는 것이 아니라 느끼는 것이다. 하지만 요즈음 사람들은 손으로 만져 보거나 돋보기를 들이대야만 직성이 풀린다. 아름다움은커녕 의미도 모르면서 진열장을 가득 채워 놓은 사람들이 있는가 하면, 마음이 콩밭에 가 있는 사람들도 있다. 보고 듣고 만질 수 있는 것에만 매달리다 보면 본질과는 점점 멀어지게 마련이다. 그러나 세월을 뛰어넘는 대화는 나뭇가지에 바람이 스치고 지나가듯 무심하지만, 그 속에는 사람살이의 향기가 배어 있다. 그로 해서 우리네 사람살이가 한결 넉넉해지기도 한다. (2006)

아메리카 원주민 이야기

그의 소박한 모습이 좋다. 긴 머리를 늘어뜨린 채 먼 곳을 바라보며 생각에 잠겨 있는 모습이 마음에 든다. 아메리카 원주민 추장의 모습이다. 청동으로 만든 한 뼘 남짓한 높이의 흉상인데, 오래 전 미국 여행에서 선물로 받은 것이다. 그런 인연으로 해서 내 서가의 한자리를 차지하고 있다. 나는 그의 모습을 바라보면서 이런저런 생각을 하게 되지만, 그는 무슨 생각을 하고 있을까?

흔히들 아메리카 원주민을 인디언이라고 부른다. 그러나 잘못된 호칭이다. 인디언이란 인도에 사는 사람들이란 뜻인데, 그 연유는 콜롬버스의 말에서 비롯되었다. 그는 인도를 향해 항해하다가 바하마 군도에 도착하였고, 뒤에 스페인에

돌아가서 '나는 인도에 갔었다'고 말함으로써 '인디언'이라고 부르게 되었다. 그들은 빙하시대에 아시아에서 건너갔다. 하지만 그들은 반대로 몽골리안들이 아메리카에서 아시아로 건너갔다고 주장하고 있다. 이 같은 억지 비슷한 주장은 자신들의 원주민성을 강조하기 위한 것이기도 하지만, 백인들에게 삶의 터전을 빼앗겨 버리고 인고의 나날을 살아온 데 대한 한 맺힌 절규가 아닐까 싶다.

영화를 보면, 아메리카 원주민은 백인들을 습격하는 사람들로 나온다. 거기에는 피치 못할 아픈 사연이 있다. 그들은 백인들이 아메리카에 정착하면서 동부에서 서부로, 거기에서 또 다른 곳으로 쫓겨났다. 마침내는 서쪽의 집단 거주구역으로 강제 이송되었고, 지금은 오클라호마에 가장 많은 보호구역이 있다. 그밖에도 뉴멕시코와 애리조나 같은 서남부에 많이 거주하고 있다.

그들의 생업은 들소를 사냥하는 것이었다. 그것으로 식량이며 옷가지며 티피라는 천막과 물물교환 형식으로 바꾸었다. 사냥은 식량에 필요한 만큼만 했고, 그 뼈는 모아서 혼령이 다시 환생할 수 있도록 해주었다. 비록 짐승이지만 사람과 함께 자연의 일원으로 생각했기 때문이다. 또한 대지는 모든 존재의 어머니라고 생각했다. 시애틀 추장은 백인들을 향해 이렇게 말했다. '당신들은 쟁기로 땅을 파라고 하지만, 어머니의 가슴을 어떻게 칼로 찌를 수 있는가.' 뿐만 아니라 자연은 어머니요 여신이며 풀과 나무와 동물은 형제요 친척이라고 생각했다. 그래서 땅의 신에게 제사를 지내며 평화롭게 살았다.

그들에게는 애초부터 소유의식이 없었다. 옥수수 말고는 이렇다 할 재배작물이 없었고, 사슴·물소·여우·늑대 정도가 있었을 뿐 마땅하게 사육할 동물도 없었다. 그들은 수많은 세월을 채집과 수렵에 의존했다. 그런 가운데 자연스레 절제하는 생활의 지혜를 터득했고, 어려운 가운데서도 나눔의 미덕을 키웠다. 그들은 물질을 축적의 도구가 아닌 나눔과 선물의 대상으로 여겼다. 그래서 아메리카 대륙에 등장한 백인들에게 모든 것을 나누어주었다.

그들의 자연관은 저 유명한 시애틀 추장의 연설문에 잘 나타나 있다. 이 연설문은 피어스 미국 대통령이 조상 대대로 살아온 땅을 팔라고 강요한 데 대한 답변이기도 하다.

우리가 땅을 팔지 않으면 백인들은 총을 들고 와서 빼앗을 것이다. 하지만 우리가 어떻게 하늘을 팔 수 있단 말인가. 어떻게 대지의 온기를 사고판단 말인가. 신선한 공기와 재잘거리는 시냇물을 어떻게 소유할 수 있단 말인가. 소유하지 않은 것들을 어떻게 팔 수 있단 말인가? … 중략 … 백인들은 어머니인 대지와 그의 형제들을 사고팔고 훔치는 물건과 똑같이 다룬다. 그들의 끝없는 욕심은 대지를 다 먹어 치우는 것도 모자라 끝내 황량한 사막으로 만들고 말 것이다. … 중략 … 언제나 그래 왔듯이 한 부족이 오고, 한 국가가 일어나면 다른 국가가 물러간다. 사람들도 파도처럼 왔다 가는 것이다. 언젠가 당신들 또한 우리가 한 형제임을 깨닫게 될 것이다.

그들이 쫓겨난 대지에 철도가 놓이면서 개발이 시작되었다. 이른바 서부개척의 시대가 열렸다.

처음에는 애팔라치아 산맥의 산기슭이 서부였다. 그러나 지금의 시각으로 보면 그곳은 동부에 해당한다. 그러므로 대서양 해안의 좁은 지역을 제외한 모든 땅이 서부였다고 할 수 있다. 그래서 미국의 서부는 움직이는 땅, 옮겨가야 할 지역, 정착해 살아가던 지역의 서쪽을 일컬었다. 하지만 서부개척 시대는 무법이 판을 치는 거칠고 고달픈 때였다. 여성들도 농장을 일구는 한편으로 총을 들고 기습에 대비해야 했고, 노예나 다름없는 저임금 노동자들이 우글거렸다. 또한 빼놓을 수 없는 것이 카우보이라 할 수 있다. 영화에서는 카우보이가 불의를 참지 못하는 사람, 뒤에서 총을 쏘지 않는 사람, 여성들에게는 기사도를 발휘하는 신사로 등장하지만 사실과는 거리가 멀다. 그들은 저임금에 시달리던 임시 노동자였을 뿐이다. 그래서 미국의 역사는 서부를 향한 한 편의 서사시라 할 수 있다.

문득 암울했던 우리네 지난날이 떠올랐다.

우리는 한때 일제 식민지 시대를 살았었다. 불과 백여 년 전의 일이다. 대한제국이 타의에 의해 종말을 맞았다. 한일합방 조약이 공포되었고, 서울에 조선총독부가 설치되었으며, 무단정치가 시작되었다. 저들은 이 땅을 자신들의 식량 공급지, 원료 공급지, 상품시장으로 만들기 위해 안간힘을 쏟았다. 먼저 철도·항만·도로·통신사업에 손을 댔고, 화폐와 금융제도를 정비했다. 한편으로는 동양척식회사를 앞세워 토지를 헐값에 사들였다. 창씨개명이라는 들어보지도 못한 짓거리로 민족의 정체성을 짓밟아 버리려 했는가 하면, 민족의 얼이라 할 수 있는 고유한 말과 글을 말살하기 위해 수단 방법을 가리지 않았다. 민족혼이 깃들인 문화재를 훼손하고 몰래 훔쳐가기까지 했다. 또한 민족의 독립을 위해 목숨을 걸고 앞장서는 애국지사와 뜻있는 사람들을 마구잡이로 잡아다가 고문하고 무참히 죽였다. 견디다 못해 더러는 가족들을 남겨둔 채 정든 고향 산천을 뒤로하고 돌아올 기약도 없이 만주로, 북간도로, 연해주로, 시베리아로 뿔뿔이 흩어졌다. 그 가운데는 무덤조차 찾을 길 없는 사람들이 숱하다. 2차 세계대전이 일어나자 탄압은 한층 더 심해졌다. 젊은이들을 전쟁터의 총알받이로 동원했고, 꽃다운 처녀들을 정신대로 끌고 갔다. 경제적 · 사상적 탄압은 민족의 원한이 되었고, 우리네 생활은 궁핍할 대로 궁핍해졌다. 아, 암울했던 그 시절의 쓰라린 아픔을 어찌 말로 다할 수 있으랴.

그들과 우리는 많은 공통점을 가졌다.

그들의 일상생활 가운데는 우리네와 비슷한 것들이 많이 있다. 흔하게 볼 수 있는 놀이 가운데 실뜨기 · 고누 · 윷놀이 같은 것들은 형태나 방법이 우리네 그것들과 닮았다. 또한 그들의 민속 노래 가운데도 우리네 시골에서 쉽게 접할 수 있는 노동요나 제례요 같은 것들이 있다. 놀라운 일이라 하지 않을 수 없다. 이로 미루어 보아 한국인의 원류인 북방 몽골계가 시베리아와 베링해협을 거쳐 북미로 이동하였다는 사실을 뒷받침해 주고 있다고나 할까.

그들 가운데는 모히컨족, 쇼니족, 체로키족, 포카혼타스족, 수족 같은 위엄과 지혜를 갖춘 부족들이 있었다. 그러나 지금은 찾아볼 수 없게 되었다. 그들은 가진 것을 다 내주고 노예로 혹사당했으며, 서부개척 시대의 희생자가 되어 사라졌다. 지금껏 살아남은 사람들도 제대로 교육을 받지 못한 채 궁핍한 생활을 하면서 겨우 명맥을 이어가고 있을 뿐이다. 힘없는 민족의 비애라고나 할까. 하지만 자연과 인간과 신에 대한 그들의 경건한 마음은 사라지지 않았다. 그들이 아끼고 사랑하던 자연의 신비로운 소리와 영혼을 따뜻하게 해주는 삶의 지혜 또한 사라지지 않았다. 그들의 문명은 스러졌어도 그들이 남긴 말은 꺼지지 않는 등불로 우리 곁에 남아 있다. 오만한 현대문명에 지친 우리네가 새겨들어야 할 잠언이기도 하다. (2007)

월광사, 그 애잔한 이야기

월광사月光寺, 참 아름다운 이름이라는 생각이 들었다. 또한 그 절을 세웠다는 월광태자月光太子의 운명과 삶에 왠지 모르게 마음이 끌렸다. 꼭 한번 가보고 싶었다.

'월광'을 우리말로 옮기면 '달빛'이 된다. 달빛은 고요하고 은근하며 푸근하게 느껴질 뿐 아니라 아름다운 이야기를 떠올리게 한다. 무엇보다도 먼저 축복인 양 쏟아지는 달빛을 받으며 정담을 나누던 그리운 사람의 모습이 눈에 밟힌다. 그런가 하면 마치 소금을 뿌려 놓은 듯한 메밀꽃 필 무렵 봉평의 풍경이 떠오르고, 허 생원과 성 서방네 처녀가 물방앗간에서 인연을 맺던 이야기며 허 생원과 동이가 주고받던 끈끈한 이야기가 떠오르기도 한다. 월광사는 그만큼 역사와 전설과 문학성을 함께 간직하고 있다고나 할까.

월광사는 합천군 야로면에 있다고 했다. 해인사에서 2킬로미터 정도 떨어진 거리다. 찾기가 어렵지 않았다. 하지만 막상 도착해 보니 그 옛날의 절집은 간 데 없고, 언제 들어섰는지 알 수 없는 허름한 절집이 버티고 있었다. 허망했다. 사연인즉, 세월의 무게를 감당하지 못해 이미 오래 전에 흩어져 버렸단다. 하지만 두 기의 돌탑이 자리를 지키고 있어서 무척 반가웠다. 주위를 살펴보니 이 땅 어디서나 볼 수 있는 평범한 시골 풍경에 둘러싸여 있다. 앞으로는 가야산에서 발원한 야천과 이천천의 맑은 물이 흐르고, 고개를 들면 저만치 가야산 봉우리가 보인다. 산과 물과 하늘을 벗삼아 아픔을 삭이기엔 더없이 좋은 절터라 하겠다.

말없이 서 있는 두 기의 3층 돌탑과 해묵은 소나무.

사람은 높은 곳으로 향하는 의지를 가지고 있다. 옛 사람들은 그런 의지의 표현으로 나무를 세우고, 그것을 가리켜 솟대라 불렀다. 그 꼭대기에 새의 형상을 얹었는데, 새는 사람과 하늘을 연결해 주는 메신저의 상징이었다. 그러다가 나무 대신 탑을 세웠다. 그래서 탑은 하늘에 대한 그리움이자 애틋한 소망이라 할 수 있을 것이다. 물론 사찰의 탑은 석가모니 부처의 뜻을 받드는 데 있으므로 저마다 간절한 바람을 되뇌며 탑돌이를 하는 게 아닐까 싶다. 그러니 저 돌탑에 도 수많은 사람들의 애환이 깃들어 있을 터……. 한동안 멍하게 바라보고 있는데 세월이 말을 걸어왔다.

돌탑과 미숭산에 얽힌 이야기.

미숭산美崇山은 합천군 야로면과 고령군 쌍림면 경계에 있다. 미숭산이라는 이름은 고려말 이미숭李美崇 장군의 이름에서 비롯되었다. 그는 정포은鄭圃隱 문하에서 배웠는데, 힘이 세고 병법兵法에 밝아 안동장군安東將軍이 되어 나라에 충성하였다. 그러다가 이성계의 조선왕조 개국에 반대하였을 뿐 아니라 동지들과 함께 미숭산에서 항거하다가 뜻을 이루지 못하자 스스로 몸을 던져 삶을 마감하였다. 그런가 하면 타던 말에 얽힌 전설이 있다. 어느 날 빼어난 말 한 필을 얻었다. 하루는 말을 시험해 보기 위해 가까운 거리에 있는 월광사 돌탑을 향해 활을 쏴 놓고 말을 달렸다. 그 탑에 이르러 보니 화살이 보이지 않았다. 그래서 말이 너무 느린 것을 책망하며 말의 한쪽 발을 칼로 내려치려는 순간 '쌩' 하며 화살이 날아와 탑을 맞혔다. 그 일로 해서 말이 화살보다 빠르다는 것을 알게 되었고, 그 뒤로 사람과 말이 운명을 함께 했다고 하던가.

절터에는 월광태자에 관한 애잔한 이야기가 서려 있다.

대가야의 이뇌왕異腦王은 초조했다. 섬진강 하구의 뱃길을 백제에 빼앗긴 대다 낙동강 하구에 인접한 고을도 하나둘 신라에 잠식당하고 있었기 때문이다. 대가야 왕권에 대한 지방 세력의 믿음도 점차 엷어졌다. 그는 나라의 운명을 지키기 위해 신라의 법흥왕에게 사신을 보내 결혼동맹을 제의했고, 신라에서는 이찬 비조부比助夫의 누이동생을 보내 인연을 맺도록 했다. 그 이듬해 대궐에 아이의 울음소리가 울려 퍼졌다. 월광태자月光太子가 태어난 것이다.

월광태자는 뼈대가 굵고 키가 커 말달려 사냥하기를 좋아했다. 그러나 태자는 불행했다. 신라에서 온 어머니와 시종들이 신라의 옷 입기를 고집했고, 고을 수령들은 이에 불만을 품고 시종들을 쫓아냈다. 신라가 이를 트집잡아 대가야의 성들을 빼앗음으로써 7년 만에 결혼동맹은 깨지고 말았다. 그뿐 아니라 태자 또한 중신들로부터 온전한 대접을 받지 못했다. 그 뒤에도 신라의 침공은 끊이지 않았고, 그러다가 마침내 신라에 의해 멸망되었다.

전해오는 이야기에 따르면, 왕비와 태자는 미숭산 북쪽의 고개를 넘어 나대산에 숨어살았다고 한다. 월광사 절터의 기슭을 흐르고 있는 야천 동쪽의 산이 바로 그 산이다. 태자는 뒷날 머리를 깎고 출가하였다. 어떤 이유로 속세를 버렸는지 제대로 알 길이 없지만, 어머니의 조국과 싸움을 하지 않을 수 없었던 태자의 숙명은 갈등과 모순, 그리고 고뇌의 연속이었으리라. 그래서 스스로 자신을 유형流刑시키는 고독한 길을 선택하지 않았을까 짐작해 본다.

신비 속에 묻힌 대가야의 역사를 더듬어 본다.

고대 우리 국토의 남쪽에는 변한弁韓 열두 나라가 연맹체를 이루고 있었다. 그 뒤 차츰 기틀을 갖추면서 가라加羅 사회로 전환하였고, 초기에는 김해지역을 근거로 삼고 있던 금관가야가 맹주 노릇을 하였다. 그때 고령지역을 근거로 삼고 있던 반로국半路國이 인접해 있던 합천지역의 다라국多羅國 세력을 편입하여 위세를 떨치면서 대가야大加耶가 되었다. 그리하여 대가야는 서부 경남지역으로 뻗어나갈 수 있는 토대를 마련하였을 뿐 아니라 금관가야의 영도력이 쇠약해지자 마침내 가야 연맹체의 맹주가 되었다. 이 시기의 대가야 세력권은 합천, 거창, 함양, 산천, 남원, 구례, 하동 등지까지 확장되어 전성기를 구가하였다. 이때의 대가야 세력권을 입증해 주는 것으로 우륵이 지은 열두 곡의 노래가 있는데, 여기에 나오는 나라들은 대가야 중심의 연맹체에 참여한 나라들이라 볼 수 있다.

대가야는 6세기에 들어오면서 백제와 신라의 세력 확장에 밀려 고전하였다. 나라의 존립이 위태롭게 되자 신라와의 우호관계를 모색하였고, 이뇌왕이 신라에 결혼동맹을 제의하였던 것이다. 그로 해서 한동안 안정을 되찾았으나 오래 가지 못했다. 신라가 왕녀를 보낸 것은 정략결혼에 불과했으며, 가야지역으로 진출하기 위한 교두보 확보와 명분 쌓기라는 속셈이 깔려 있었기 때문이다. 그것은 마침내 신라에서 온 왕비와 시종들의 옷 입기에 관한 마찰로 나타났고, 또한 그 일이 빌미가 되어 벌어진 싸움에서 다섯 성을 신라에게 빼앗기고 말았다. 그리하여 결혼동맹이 깨지면서 영향력 아래 있던 일부 지역 세력이 이탈하기 시작하였고, 신라와 가까웠던 주류 계층마저 신라로 망명함으로써 쇠퇴와 멸망의 길로 접어들었다. 가야금을 만들고, 열두 곡의 노래를 지은 우륵이 신라에 몸을 의탁한 것이 그 대표적인 사례라 할 수 있다.

신라의 진흥왕은 창녕에서 군신회의를 열었다. 그 자리에서 대가야를 공격하기로 결의하고, 이사부에게 군사를 맡겼다. 이사부는 창녕을 전진기지로 삼아 화랑 사다함을 선봉에 세워 기습 공격을 감행하였다. 불의의 공격을 받은 대가야는 제대로 싸워보지도 못한 채 우왕좌왕하다가 이사부가 이끄는 대군에 의해 무너지고 말았다. 서기 562년의 일이다.

대가야는 멸망한 나라이다. 아니, 황홀하게 사라졌다고 하는 게 옳을지도 모르겠다. 멸망 이후 왕족을 비롯한 귀족들도 신라 사회의 지배층으로 편입되지 못하였을 뿐 아니라 기록 또한 남아 있지 않다. 부득이 고고학적 자료를 통해 살펴볼 수밖에 없다. 그런 까닭으로 해서 '신비의 고대 왕국'이라 부르기도 하지만, 그만큼 대가야의 역사와 전설은 호기심을 자극하고 있다.

지난날에는 '가야'라고 하면 대개 금관가야를 떠올렸다. 그것은 여러 가지 요인으로 해서 금관가야가 집중적으로 조명을 받았기 때문이다. 그러나 1970년대 후반부터 고분 발굴을 통해 자료가 축적되면서 가야의 중심이 김해가 아니라 고령, 즉 대가야란 것을 확인할 수 있게 되었다. 고분의 규모나 유물의 위상을 통해 학계로부터 입증된 사실이기도 하다. 건국신화의 형식에 있어서도 금관가야는 하늘에서 내려온 천강족天降族이 중심이지만, 대가야는 정현모주政見母主라는 여신이 강조되는 게 특징이다. 고분의 형태도 두드러진다. 금관가야는 나무널무덤 중심인데 비해 대가야는 나무널무덤에서 돌널무덤으로 발전했다. 또한 금관가야에는 확실한 관冠이 없지만, 대가야에는 금관金冠과 금동관金銅冠의 관모冠帽가 있다. 그리고 대가야는 철제 무기와 갑옷, 투구 등을 풍부하게 갖추었다. 그뿐 아니라 토기의 경우에도 곡선과 균형이 조화를 이룬 가운데 미적 감각이 도드라진 문양이 발달하였다. 아울러 고유의 악기인 가야금을 만들고 연주한 것도 주목할 만하다.

역사와 전설이 깃들인 절터, 말없이 서 있는 탑의 모습이 아름답다. 두 기가 나란히 서 있어서 더욱 아름답게 느껴진다. 탑을 9세기의 것으로 추정하는 고고학자들도 있다. 그렇다면 절집보다 후세에 세운 것이 된다. 그래도 상관없는 일이다. 그때까지도 월광태자가 사람들의 입에 널리 오르내리고 있었다는 사실을 뒷받침해 주는 셈이니까. 애잔한 마음으로 발길을 돌렸다. 고개를 돌리니 흰 구름이 유유히 산마루를 넘고 있다. 그 옛날 태자도 무심한 마음으로 저 하늘을 바라보았으리라. (2007)

부록

외손자

다섯 살배기 외손자가 있다. 이따금 제 엄마를 따라 우리 집에 온다. 현관에 들어서면 "안녕하세요, 우현이 왔습니다." 하고 머리를 꾸벅 숙이며 인사를 한다. 그리고는 신발을 벗어서 잘 정돈해 놓는다. 어린것이 기특하다는 생각이 들어 "우현이 착하다." 하고 머리를 쓰다듬어 주면 씨-익 웃는다.

이 방 저 방 다니면서 가지고 놀 것을 찾는다. 모형 자동차가 단연 인기 품목이다. 그 동안 나라 안팎을 다니면서 모아 놓은 것들이 더러 있다. 그 가운데는 미국에 있는 딸아이가 선물로 보내준 꽤 고급스러운 것도 있다. 처음에는 망가지거나 부서져도 괜찮은 것들만 가지고 놀도록 허락했다. 비교적 값싼 것들이다. 아이들이 그 정도로 만족할 리 없다. 하지만 호기심 많은 아이인지라 올 때마다 눈치를 살피면서 값진 것 한두 개씩 몰래 가지고 나와서 논다. 모른 척하고 눈감아 준다. 아이들 손에 들어가면 망가지고 부서지게 마련이다. 언짢아 한마디하고 싶어도 꾹 눌러 참는다.

어린이 집에 다니고 있다. 제 엄마가 아침 일찍 수업에 나가게 되어 내가 태워다 준다. 어린것이 귀여워 공연히 말을 시켜 보고, 볼도 꼬집어보고, 슬그머니 고추를 만져보기도 하면서 함께 다닌다. 나 또한 어린아이가 된다. 어린이 집에 도착해서 교실까지 데려다 주려고 하면 "내 혼자서도 갈 수 있어요." 하면서 깡충깡충 뛰어간다. 귀여운 강아지 같다.

세월이 지나면 초등학교에 다니겠지. 한동안 개구쟁이 짓을 하면서 말썽을 부리겠지. 입은 쉴 새 없이 조잘대고, 손은 잠시라도 그냥 있질 못해 갖은 장난을 해대겠지. 하루가 다르게 키도 크고 몸피도 불어나겠지. 그러다가 차츰 공부에 눈을 뜨게 될 테고, 또래들과 어울려 다니느라 발걸음도 뜸해지겠지. 그때가 되면 조금 허전해질 것 같아서 "나중에 할아버지가 우현이 보고 싶으면 어떻게 하지?" 하고 물어보면 "외할아버지가 우현이 보러 와야지 뭐." 하고 대답한다. 순간, 외손자를 귀여워하느니 방앗공이를 귀여워하라는 옛말이 떠오른다. 남 탓할 것 없다. 나는 이미 오래 전에 외할아버지의 모습조차 까맣게 잊어버렸으니 오히려 내 자신이 부끄럽다. (2007)

꿈 이야기

민족상잔의 상처가 채 아물기도 전에 중학교에 들어갔다. 학교에 가는 것이 기다려졌다. 공부하는 게 재미있었고, 새로운 친구들과 어울리는 것이 즐거웠다. 그 시절엔 중학교에 진학하지 못하는 아이들이 많았다. 겉으로 드러내지는 않았지만, 가슴이 뿌듯하고 자랑스러웠다.

십여 리 길을 걸어서 다녔다. 힘들고 어려운 줄 몰랐다. 집안 형편이 어려워 등록금을 제때에 내지 못해 불려 다니기도 했지만 기죽거나 주눅들지 않았다. 무엇이든지 해낼 수 있을 것 같은 자신감으로 가슴이 벅차올랐다. 장래의 꿈도 야무졌다. 그 시절 담임을 하셨던 선생님이 아직 살아 계시는데, 까까머리 내 모습을 기억해 내시고는 덕담을 들려주실 때도 있다.

그때는 꿈을 자주 꾸었다. 깊은 산 속에서 무서운 짐승을 만나 달아나다가 낭떠러지를 만나면 허공을 날아 내려왔다. 발아래 강이 있으면 다시 솟구쳐 오르기도 했다. 양팔을 날개 삼아 신선처럼 훨훨 날아다녔다. 늦잠을 자다가 학교에 늦을 것 같으면 허공을 겅중겅중 걸어서 가기도 했다. 그런가 하면 그 날 일어날 일들을 미리 알려 주기도 했다. 때로는 꿈이 너무도 생생해서 생시와 혼동할 정도였다.

무쇠라도 달굴 것 같은 열정으로 일했다. 기백은 광장의 분수처럼 하늘 높이 솟구쳤다. 전깃불을 구경할 수 없는 최전방에서 군대 생활을 했고, 시험이라는 관문을 거쳐 괜찮은 일자리도 얻었다. 때로는 견디기 힘든 고통과 시련도 있었지만, 그럴 때마다 신령한 꿈이 수호신처럼 나를 이끌어 주었다. 좋은 일보다는 궂은일에 대한 주의나 경고가 많았는데, 신통하게도 잘 들어맞았다. 한번은 강물에 빠져 허우적거리다가 죽지 않고 살아나는 꿈을 꾸었다. 종일토록 몸이 무겁고 기분이 찜찜했다. 조심하고 또 조심했다. 그러다가 날이 어두워 이제는 괜찮겠지 하고 마음을 놓았다. 하지만 그때부터 일이 벌어지기 시작했다. 더위를 식히려고 강물에 들어갔다가 발을 헛디디어 헤어나지 못하고 떠내려가게 되었고, 한

참을 그렇게 허우적거리다가 정신을 잃고 말았다. 때마침 아래쪽에서 멱을 감던 사람이 구해 주어 목숨을 건졌다. 그 분을 생명의 은인으로 대했다.

먹고산다는 일에 매달려 지내느라 땟국이 잔뜩 묻었다. 마음속에 사나운 욕심들이 켜켜이 들어앉았다. 오만과 편견 같은 것들로 해서 남의 가슴에 못을 박은 게 한두 번이 아니다. 못된 일, 해서는 안 될 일도 많이 저질렀다. 언젠가는 벌을 받게 될 것 같은 두려운 생각 때문에 마음이 편찮다. 정신도 흐릿해졌다. 그래서인지 요즈음엔 꿈이 잘 꿔지지 않는다. 어쩌다 꿈을 꿔도 시답잖은 개꿈 아니면 어수선한 꿈을 꾸기 일쑤이고, 가위눌려 헛소리를 할 때도 더러 있다. 티 없이 해맑던 꿈, 수호신처럼 나를 이끌어 주던 꿈, 나를 떠나버린 꿈이 그립다. (2007)

누룽지 이야기

보릿고개, 넘기가 무척 힘들었다. 너나없이 끼니를 해결하기가 수월찮았다. 그런데도 아이들은 눈치 없이 밥 달라고 보채기 일쑤였고, 엄마라고 해서 달리 방도가 있을 리 없었다. 어쩌다가 이웃에 일손을 거들어 주고 누룽지라도 얻어 오는 날이면 주린 배를 채울 수 있었다. 그런 날은 재수가 좋은 날이었다. 아무튼 꽁보리밥이라도 배불리 먹어보는 게 내 어릴 적 소원이었다.

세월이 흐르면서 살림 형편이 나아졌다. 가마솥에서 갓 지은 따뜻한 밥을 먹었고, 덤으로 노릇노릇하게 잘 눌은 누룽지로 만든 숭늉도 마셨다. 배불리 먹고 나서 구수한 숭늉을 후후 불어가며 마시고 나면 부자가 눈 아래로 보였다. 배고픈 서러움은 경험해 본 사람만이 안다.

부엌이 없어진 지 오래되었다. 가마솥을 구경할 수 없다. 부엌 대신 입식 주방이 들어앉았고, 전기밥솥이 주방을 차지하고 있다. 가히 주거생활의 혁명이라 할 만하다. 그로 해서 식생활에도 커다란 변화가 일어났다. 가족이 빙 둘러앉아서 오순도순 밥을 먹던 밥상을 들어내고 식탁을 들여놓는 집이 늘어났다. 먹거리도 바뀌었다. 빵을 즐겨 먹는 사람들이 늘어나면서 국 대신에 수프를 먹고, 더러는 아침밥 하기가 귀찮다고 떡이나 대용식으로 때우기도 한다. 그리고는 커피를 한잔 마셔야 식사가 끝난다. 그러니 누룽지며 숭늉은 동화 속의 이야기나 다름없다.

사람들의 식성이 크게 바뀌었다. 외식이 늘어나면서 경양식의 인기가 높다. 고기를 재료로 한 음식이 날개 돋친 듯 팔리고, 피자며 튀김이 군것질거리 가운데 단연 선두를 차지하고 있다. 우리네 전통 먹거리는 관심도 없을 뿐더러 젊은 엄마들은 만들 줄조차 모른다. 아예 아침식사를 거르는 사람들이 있는가 하면, 죽이나 인절미 같은 것으로 간단하게 때우는 사람들도 있다. 더러는 바쁜 출근시간 때문에, 더러는 건강을 이유로 가볍게 먹으려 한다. 그런가 하면 아침밥을 짓고 국을 끓이는 것을 귀찮아하는 주부들도 없지 않다.

아침식사로 누룽지를 즐겨 먹고 있다. 물을 알맞게 부어서 끓이면 된다. 고소한 맛과 더불어 부드러워서 먹기에 좋고, 먹고 나면 속이 편해서 아침식사로 안성맞춤이다. 그뿐이랴. 아내는 간편할 뿐더러 반찬 걱정을 하지 않아도 된다며 무척 좋아한다. 어쩌면 그보다는 아릿한 지난날의 추억을 지워버리고 싶지 않아서 인지도 모르지만. (2007)

사랑의 야찬

수염이 대 자라도 먹어야 양반이라는 말이 있다. 주린 배를 채운다는 일은 그만큼 절실한 본능이다. 하지만 먹는다는 것은 또 다른 의미를 지니고 있다.

조선조 열아홉 번째 임금인 숙종은 암행을 자주 한 것으로 알려져 있다. 요즈음 말로 하자면 민정 시찰이라고 할 수 있을 테지만, 민서들의 살아가는 모습에 관심을 가지고 자주 살폈던 것 같다.

하루는 밤이 이슥해서 변두리의 민가를 돌아보았던 모양이다. 문틈으로 방안을 들여다보니, 남편은 열심히 책을 읽고 그의 아내는 부지런히 바느질을 하고 있었다. 그들의 살아가는 모습이 궁금해서 한참을 지켜보고 있는데, 아내가 살며시 일어나 부엌으로 나가더니 바가지에 무엇인가 담아 가지고 들어가는 것이었다. 이윽고 아내는 감자와 옥수수 삶은 것들을 남편에게 권하면서 도란도란 이야기를 주고받았다. 아마도 늦도록 글을 읽는 남편이 출출하지 않을까 안쓰러워 마련한 사랑의 야찬이었으리라. 변변찮은 먹거리를 나누면서 이야기를 나누는 가난한 선비 내외가 부러웠다. 그들의 아름다운 정경이 눈에 삼삼해서 대궐로 돌아와 다과상을 들이라고 일렀더니, 말씀을 전하고 다시 전하는 아랫사람들의 소란스러운 분위기에 그만 흥이 깨져 내쳤다고 하던가.

잔칫날 신방에 사랑의 야찬을 마련해 주는 풍속이 있다.

신랑 신부가 첫날밤을 즐겁게 보내라고 다과상을 들여놓는다. 그럴 것이, 예전에는 서로가 얼굴 한번 보지 못한 채 혼인을 하던 시절이었으니 분위기가 서먹할 수밖에 없었다. 그래서 낯선 두 사람이 어색한 분위기에서 벗어나 자연스럽게 어우러질 수 있도록 마련한 야찬이다. '사위 사랑 장모'라고, 사람살이의 요모조모를 훤하게 꿰뚫고 있는 장모의 정성스런 배려이기도 하다. 아무튼 신부는 떨리는 손으로 신랑에게 술 한잔을 권하고, 신랑은 다과를 젓가락으로 집어서 신부의 입에 넣어주고 …… 그러다가 밤이 깊어 화촉동방의 촛불이 꺼지면 허영의 의상은 그림자마저 사라지고 …… 드디어 태초 생명의 비밀 터지는 소리, 아야 야 …….

우리 집에서는 이따금 야찬을 즐긴다. 새벽같이 아침 식사를 하고 해가 떨어지기 바쁘게 저녁상을 마주하는 오랜 생활 습관이 있어서 밤 시간이 길다. 그로 해서 늦도록 읽거나 쓰는 일에 매달리다 보면 시장기를 느끼게 마련이지만, 그보다는 말수가 적고 애정 표현에 어둔한 터라 자질구레한 이야기라도 나누고 싶기 때문이다. 어쨌든 먹을 수 있다는 것은, 그것도 가족이 함께 먹을 수 있다는 것은 행복하다. 가벼운 먹거리로 간식을 즐기다 보면 눈길과 눈길이 마주치거나 말문이 열리기도 한다. 이따금 흐뭇한 분위기에 빠져들거나 지난 시절의 추억이 되살아나기도 하고.

배가 고파서 고생하던 시절이 있었다. 육·이오라는 소용돌이 속에서 학창 시절을 보냈다. 배운다는 것보다 먹는다는 게 더 절실했다. 늘 배가 고팠다. 한창 먹을 나이에 마음껏 먹을 수 없다는 것은 견디기 힘든 고통이었다. 그래서 푼돈이 생기면 빵집으로 달려가 주린 배를 채우기에 바빴다. 그럴 때면 단짝인 친구와 속닥하게 어울렸다. 하루는 수업 시간에 친구한테 약속 장소를 적은 쪽지를 돌리다가 선생님께 들켜서 벌을 서기도 했었다. 또 있다. 군 복무를 첩첩산중인 전방 부대에서 했다. 야간 근무를 하다 보면 배가 출출해서 그냥 참아 넘기기가 쉽지 않았다. 밤이 긴 겨울철에는 더욱 그랬었다. 부득이 철조망을 벗어나 민가에 가서 국수나 시루떡 같은 것으로 요기를 했었다. 그렇게 한 시절을 보낸 철부지가 어느새 어른이 되었고, 요즈음엔 먹거리 걱정을 하지 않고 살지만 이따금 그 시절이 떠올라서 빙그레 웃을 때가 있다.

「사랑의 야찬」이라는 작은 이야기책이 있다. 미셸 투르니에가 쓴 책인데, 사랑에 관해 이야기하는 '한밤의 잔치'라는 뜻이 담겨 있다. 대충 옮겨 보면 이렇다.

…… 나데주와 우달은 대화 부재의 위기를 맞은 부부이다. 그들은 바다와 트롤선을 매개로 해서 인연을 맺었다. 나데주는 부유한 선주의 딸로서 철학교수 자격증을 가진 인텔리이고, 우달은 가난한 어부의 아들로 태어나 원양어선에서 잔뼈가 굵은 뱃사람이다. 이런 신분의 차이는 극복하기가 쉽지 않다. 하지만 파리 지식인 남성들의 공허한 수다와 달변에 지쳐 있던 나데주는 북극 흰곰 같은 우달 선장의 과묵함에 반하고 만다. 몇 해 동안의 열애 끝에 두 사람은 부부가 되었다. 그러나 원양어업 환경의 변화로 우달이 배를 타지 않게 됨에 따라 노르망디 바닷가 마을에서 평온한 생활을 시작한다. 하지만 모험담이 사라진 자리를 채운 우달의 침묵은 갈수록 견고해지고, 나데주는 노르망디 뱃사람의 침묵도 파리 지식인들의 달변만큼이나 공허하다

는 것을 깨닫게 된다. 그로 해서 서로는 헤어지기로 결심하고, 이왕이면 아름답게 헤어지기 위해 성대한 이별 의식을 준비한다. 우달은 친구들을 불러모아 잔치를 베푼 다음 그 자리에서 이별을 선포하기로 하고, 손님들은 저마다 돌아가면서 사랑에 관한 이야기를 하도록 약속이 되었다. 그리하여 풍성한 이야기 잔치가 벌어지는 데, 이야기가 모두 끝나고 마지막 손님이 돌아갈 때까지 우달은 이별을 선포하지 않는다. 까닭인즉, 손님들의 이야기를 들으면서 자신과 나데주의 부족한 것이 무엇인가를 깨달았기 때문이다.……

세상살이가 한결 수월해졌다. 저마다의 살림 형편 또한 넉넉해졌다. 그런데도 날이 갈수록 사람살이가 메마르고 거칠다. 멋도 여유도 저만치 밀려났다.

대화 부재의 시대를 살아가고 있다. 설령 이야기판이 벌어진다 해도 자신의 주장만 장황하게 늘어놓을 뿐 남의 이야기에 귀를 기울이려 하지 않는다. 상대방의 기분이나 마음 따위에는 관심이 없다. 그로 해서 입씨름이나 말싸움으로 이어지기 마련이다. 서로의 생각을 주고받으면서 결론에 이르는 아름다운 모습을 찾아보기가 쉽지 않다. 이야기 속에 진실이 없고 격을 느낄 수 없다. 안에서도 크게 다르지 않다. 아이들은 아이들대로, 어른들은 어른들대로 제 방에 들어앉아 컴퓨터나 텔레비전에 빠져서 밖으로 나오려 하지 않는다.

가족이 한자리에 둘러앉아 오순도순 이야기를 나누며 식사하는 모습이 사라지고 있다. 부부 사이에도 별로 말이 없다. 어쩌다 말문이 열려도 '수고한다' '미안하다' '사랑한다'는 말보다 따지고 나무라면서 티격태격하기 일쑤다. 한쪽은 쉽게 화를 내고, 다른 한쪽은 점점 말이 없어지고, 그러다가 서로에게서 멀어지거나 파경에 이르는 경우도 있다. 위기를 자초하고 있는 셈인데도 그 이유를 알지 못한다. 일상성의 늪에 빠진 부부생활의 위기라고나 할까.

사랑이란 서로 다른 본성들이 만나 힘든 과정을 거쳐 더욱 강해진다. 그것은 우리에게 기쁨을 주기 위해 존재하는 힘이기도 하다. 또한 그 같은 기쁨이나 행복은 순환을 거듭하다가 나에게로 되돌아오게 마련이다. 아무튼 마음에 힘이 되는 말 한마디가 아쉬운 오늘, 조촐한 야찬이라도 마련해서 대화의 물꼬를 틔워 볼 일이다. 그로 해서 상대방을 이해하고 웃음과 기쁨을 되찾게 될는지, 나아가 삶에 신선한 변화라도 일어날는지…. (2005)

꿈속의 여인

무더운 날씨다.

다들 축 늘어져 있다.

비는 내리다가 그치고 그쳤다가 내리고…….

바야흐로 장마철이다. 수은주는 올라가는 데 땀은 흘러내리고, 선풍기는 도리질을 하느라 바쁘고 아이들은 냉장고 문짝을 열어젖히느라 부산하다. 시원하게 소나기라도 한줄기 쏟아졌으면 좋으련만 찔끔거리다 말고……. 공연히 짜증스럽다.

장맛비를 한자로 暑雨 또는 苦雨라고도 한다. 그만큼 괴롭다는 뜻이다. 옛말에 '가뭄 끝은 있어도 장마 끝은 없다'고 했다. 가뭄은 농사만 망치지만, 장마는 농사뿐 아니라 생활 터전과 사람의 목숨까지 앗아간다. 다산 정약용은 장마의 괴로움을 '장맛비 장맛비, 비가 자꾸 내려/ 해도 뜨지 않고 구름도 안 걷히네 - 苦雨苦雨雨故來 白日不出雲不開' 라고 노래했다. 그뿐이랴. 옛사람들은 장마 때 기청제祈晴祭, 가뭄 때 기우제祈雨祭를 지내기도 했다. 하기야 여름철에는 비가 와도 걱정 오지 않아도 걱정이다. 문득 우산 장수 아들과 나막신 장수 아들을 함께 둔 어머니의 고사가 떠올랐다. 아무튼 사람들을 놀라게 하는 소동이 벌어지지 않았으면 좋겠다.

변덕이 죽 끓듯 했다. 드러누웠다가 벌떡 일어나 앉고, 앉았다가는 다시 뒷짐을 지고 방안을 서성거려도 보았으나 마뜩찮았다. 마음을 달래느라 한동안 애를 썼다. 하늘 탓만 하고 있을 수도 없는 일이고 보면, 스스로 방법을 찾을 수밖에 없지 않은가. 헐렁하게 입고 돗자리에 앉아서 책을 펴 들었다.

어디 시원한 곳이 없을까, 궁리하다가 집을 나섰다.

이전에 두어 번 가 본 적이 있는 가까운 농촌으로 향했다. 아까부터 검은 구름이 몰리더니 고갯마루에 이르자 금세라도 비가 쏟아질 듯했다. 땀을 흘리며 걸음을 재촉해 마을 가까이 이르렀을 때는 빗방울이 듣기 시작했다. 마을은 저만치 보였으나 아는 이도 없으니 굳이 그곳까지 갈 것도 없고 해서 들 가운데 있는 원두막으로 향했다. 우선 비라도 피하고 싶었다. 비는 장대같이 쏟아지기 시작했다. 옷을 훌훌 벗어 젖히고 앉았으니 빗소리를 듣는 운치가 제법 상쾌했다. 그칠 줄 알았던 비는 그치지 않고, 기다리다가 누운 채 잠이 들어 버렸다. 더위에 시달리고 걸음에 지쳤던 터라 세상모르고 자다가 깨보니 비는 그치고 냇물이 콸콸 소리를 내며 흐르고 있었다. 시장기가 들었다. 한참을 멍하니 앉아 있는데, 한 여인이 아이를 앞세우고 무엇인가 들고 이쪽으로 오고 있었다. 어느새 여인은 원두막 아래 서 있고, 아이가 가지고 온 것을 내 앞에 내려놓으며 "손님, 잡수세요." 한다. 국수며 부침개며 참외 같은 먹거리였다. 뜻밖의 일이라 "웬 일이냐"고 물었더니 "비에 막혀 못 가시는 것 아니에요. 아침나절에 오셔서 지금까지 점심도 안 하셨을 테니 잡수시래요. 우리 어머니가." 일어나 인사를 하려고 했더니 여인은 벌써 돌아서서 가고 있고, 아이 또한 달아나듯 가버렸다. 고맙기도 하지만, 시장했던 터라 맛있게 먹었다. 먹으면서 보니 들판의 풍경도 생기가 도는 것 같았다. 엉뚱한 생각도 일었다. 어여쁜 여인과 이야기라도 몇 마디 나누고 싶었으나 이미 저만치 멀어지고 말았다. 뒷모습이 의젓했다.

흔들어 깨우는 바람에 눈을 떴다. 꿈이었다. "낮잠에 무슨 잠꼬대냐."며 아내가 핀잔을 주었다. 주변을 살펴보니 책이 펴진 채 있었다. 윤오영의 「고독의 반추」를 읽다가 스르르 무너지고 말았던 것 같다. 꿈속에 보았던 여인이 자꾸만 아른거렸다. 음식 솜씨며 아이를 앞세우고 나온 행지며 손님을 대하는 범절이 예사롭지 않았다. 순박하면서도 의젓하고 그러면서도 속이 따뜻한 여인, 요즈음에는 그런 여인을 만나기가 쉽지 않다. 왠지 허전하다. (2007)

시를 읊조리다가

더 아름다운 세계를 그리워한다.

노래를 부르듯 소리 내어 시를 읊조린다.

시인의 열정을 닮아 보려고 애를 쓰기도 한다.

시는 무심함과 서느러운 정신의 소산이라고 하였다. 또한 '모든 이슬과 모든 아침 가운데서 가장 맑은 이슬과 아침으로, 모든 장미 가운데서 가장 향그러운 영혼으로 핀, 빛나는 아르케.'라고 하였다. 권국명 시인의 때 묻지 않은 생각이다. 그것들은 내 일상에 촉촉한 물기로 스며든다. 내 마음의 강물이 되어 흐르는가 하면, 때로는 반짝이는 보석이 되어 기쁘고 흐뭇하게 해주기도 한다. 그로 해서 내 삶이 넉넉하고 아름다워진다. 그러나 시를 즐기는 일은 아무나 할 수 있는 일이 아니다. 시를 즐길 수 있는 사람만이 즐길 수 있다.

얘들아, 저녁 먹자 등잔불 끄고 평상으로 나오너라
허기진 나는 꿩에 병아리처럼 튀어나가고
암탉 같은 엄마는 양푼 그득 수제빌 안고 온다
니째 성, 모깃불에 풀 한 뭇 더 얹고
다담바른 누나가 숟가락 쥐어줄 새도 없이
아이 내구어~ 아이 내궈 식구들 둥글게 모여 수제빌 먹는다
하아, 개복상낭구에 걸렸던 애호박이 맛있구나

식구들 모두 부른 배 내어놓고 평상에 누우면
나도 볼록한 조롱박 배를 두드리며 누나 팔베개 고쳐 벤다
소 없는 외양간 우에 박꽃이 환하구나
으음, 박꽃!
박꽃? 꽃발!
발두렁!
렁? 렁?
나는 말꼬릴 잇지 못해 발을 구르고 누나는 깔깔대며 내 코를 비튼다
누가 밤하늘에 옥수수알을 뿌려놨으까
까막새가 다 줘 먹는 걸 보지 못하고 나는 잠이 든다

— 반칠환의 「평상」 전문

문득 내 어릴 적 여름 풍경이 떠오른다.

그 시절 어머니가 해주시던 목물을 잊을 수 없다.

더워 죽겠다고 칭얼거리던 나를 우물가로 데리고 갔었다.

엉덩이를 치켜들고 엎드리면 등허리에 찬물을 쏟아 부었다. "어이 시원해, 어이 시원해……." 하고 연신 소리를 질러대기도 했었다. 그리고는 우물에 담가 두었던 수박을 건져 올려 맛나게 먹었다. 때로는 온가족이 평상에 둘러앉아서 칼국수나 수제비로 저녁을 먹기도 했었다. 마당 한구석에 피워놓은 모깃불 더미에서는 메케한 연기가 낮게 깔리고……. 그러다 보면 박꽃이 환하고 별들이 총총했었다. 아득한 전설처럼 들릴는지 모르지만, 그렇게 오래되지 않은 우리 시대의 이야기다. 눈을 감으면 선하게 다가오는 아름다운 추억이기도 하다. 그래서인지 시인의 이야기가 더욱 정겹게 와 닿는다.

그 시절 우리는 너나없이 가난했었다.

칼국수나 수제비가 요즈음처럼 별미가 아니었다.

한동안 이 땅에서는 그런 것들로 허기를 달랬었다.

다들 하루살이 같은 삶을 살았다. 어른 아이 할 것 없이 단돈 몇 푼이라도 벌기 위해 거리를 헤매었고, 아낙네들은 가족의 끼니를 해결하기 위해 굴욕과 고단함을 참고 견디어야 했다. 그런 줄도 모르고 철부지들은 배가 고프다며 칭얼

대기 일쑤였고, 어쩌다 쌀을 보면 눈빛이 달라졌다. 따뜻한 쌀밥을 먹을 수 있는 재수 좋은 날이었으므로. 그만큼 배고픔은 참기 어려운 고통이었다. 그런 가운데서도 이웃이나 피붙이 사이에 정이 오갔다. 보잘것없는 살림이지만 나누고 베푸는 데 인색하지 않아서 국 한 그릇이 담을 넘어가면 김치 한 사발이 넘어왔다. 하다못해 과일 몇 개라도 담아서 보내던 게 그 시절 인심이었다. 또한 품앗이라는 아름다운 풍속이 있었는가 하면, 밤하늘에 흩어진 별들을 헤아리면서 소곤거리던 꿈과 낭만이 있었다.

우리네 살아가는 모습이 크게 달라졌다.

더 이상 하루살이 같은 삶을 살지 않아도 된다.

배부르게 먹고, 좋은 집에서 호사를 누리며 살아간다.

웬만한 집에는 냉·난방 시설이 있어서 더위나 추위 걱정을 하지 않는다. 더러는 자가용에다 별장까지 마련하여 영화 속의 주인공처럼 으스대기도 한다. 그러나 사람살이의 훈기를 느낄 수 없다. 너와 나는 있어도 우리가 없다. 이웃이나 가족 사이에 대화는커녕 얼굴조차 보기가 어렵다. 어른들은 텔레비전 앞에서, 아이들은 컴퓨터 앞에서 따로따로 지낸다. 밖에서도 크게 다르지 않다. 그러니 밤하늘에 달이 떴는지 별이 총총한지 관심이 있을 리 없다. 그런가 하면 아이들은 목물이며 박꽃이며 모깃불이 무엇인지 알지 못한다. 느낌이며 감동이며 꿈같은 것들이 들앉을 자리가 없다. 일상이 메마르고 거칠어졌다. 이 모두가 지나치게 능률과 성과, 그리고 편의만을 앞세우는 비뚤어진 가치관과 무관하지 않을 성싶다.

사람살이란 기쁨과 슬픔을 주제로 그려진 그림이라 할 수 있다. 그것들을 서로 나누며 웃고 울어줄 사람이 곁에 있으면 살맛이 난다. 비록 가난했었지만, 그 때 그 시절이 그리워진다.

어려운 가운데서도 나누고 베풀던 인정이 그립다. 또한 그 시절의 풍속이 그립고, 소박한 꿈과 낭만이 그립다. 어디 그뿐이랴. 흩어진 이웃과 먼저 간 피붙이들이 그립다. 하지만 오늘 내 곁에는 평상도, 별을 헤아릴 아이들도, 함께 웃고 울어줄 사람들도 없다. 허전하다. 그래도 읽다가 밀쳐놓은 시집이 있으니 얼마나 다행스러운가. 오늘 밤엔 아름다운 꿈이라도 꾸고 싶구나. (2007)

인연

흔하지 않은 일이지만, 가까이 있는 이야기이기도 하다.

동명이인同名異人, 이름은 같으나 사람이 다른 경우를 두고 이르는 말이다. 이 경우에도 이름만 같은 사람이 있는가 하면, 성씨까지 같은 사람이 있다. 또한 한글로 쓰면 같은 사람, 한자로 써도 같은 사람이 있다. 살다 보면 이 같은 인연으로 해서 뜻하지 않게 난처해 질 때가 있고, '허~허' 소리 내어 웃을 때도 더러 있다.

얼마 전 낯선 사람으로부터 전화를 받았다.

"김 서방인가, 날세. 사람이 어찌 그럴 수 있는가. 내 비록 사는 형편이 곤궁해도 사람의 도리는 어느 정도 알고 있는데, 서로 알릴 일은 알려 줘야지. 집안에 큰일을 치르면서 알리지도 않고…….”

“여보세요, 여보세요.”

“내 말 마저 듣고 얘기하게. 가만히 생각해 보니 사람 차별하는 것 같아 서운하네. 정 그렇게 하려거든 앞으로 우리 인연 끊고 살기로 하세.”

“여보세요, 전화 어디에 하셨습니까?”

“김 아무개 아닌가?”

“네, 이름은 맞습니다만 전화를 잘못하신 것 같습니다.”

“그래요, 허 참 이상하네. 미안합니다.”

한번은 「김 아무개 사진전」이라는 포스터를 보았다.

호기심에 끌려 전시장을 찾았다. 걸어 놓은 작품들을 한 바퀴 돌아보았더니 작품 수준이 만만치 않았다. 프로그램에 적힌 작가의 약력과 그 동안의 작품 활동을 살펴보다가 그 분야에서 인정받고 있는 중견이라는 사실을 알게 되었다. 작가를 한번 만나보고 싶어 안내를 하고 있는 사람에게 물었더니, 지금은 자리를 비우셨으니 메모라도 남겨 달라고 했다. 다음에 오겠다며 그냥 나왔다. 며칠 뒤에 다시 찾아가서 작가를 만났다. 흔하지 않은 인연이라며 함께 소리내어 웃었다. 나이도 비슷하고, 살아가는 모습 또한 크게 다르지 않아 마치 오래된 친구를 만난 것처럼 즐겁게 이야기를 나누었다.

한동안 이런저런 일들에 관해 생각을 나누며 앉아 놀다가 앞으로 자주 만나자는 약속을 하고 헤어졌다.

얼마 전의 일이다. 「김 아무개를 찾아줍니다」라는 이름으로 연극이 무대에 오른 적이 있다. 그리 흔한 이름이 아닌데 하필이면 내 이름이 이름으로 쓰였을까, 하고 의아스런 생각이 들었다. 아이들도 신기하게 느꼈던지 함께 가보자고 했다. 마다할 이유도 없을 뿐더러 연극을 좋아하는 터라 그렇게 하자고 약속했다. 그러나 막상 약속한 날이 되자 다른 일이 생겨서 가보지 못했다. 조금 짠한 생각이 들었다. 주민등록증을 가지고 오면 무료 입장을 시켜준다고 했는데.

딸아이에게서 들은 이야기다.

대학교에서 학생을 가르치고 있다. 담당하고 있는 반에 나와 같은 이름을 가진 학생이 있다고 했다. 출석을 불러 나가다가 그 학생의 차례가 되면 선뜻 이름을 부를 수 없어서 머뭇거리는 경우가 있다고 했다. 궁리 끝에 학생에게 '차마 내 아버지의 이름을 부르기가 뭣하니까 앞으로는 별명을 부르기로 하자'며 별명을 지어 주었다고 했다. 그럴 수도 있겠다는 생각이 들었다.

내 어릴 적 학창 시절의 이야기다.

우리 학급에 같은 이름을 가진 학생이 있었다. 선생님이 출석을 부르거나 질문을 할 때도 그랬지만, 아이들조차 헷갈릴 때가 더러 있었다. 그래서 키가 크고 작음에 따라 '큰 아무개 작은 아무개'라고 불렀다. 때로는 선생님이나 아이들이 일부러 놀려먹으려고 짓궂게 장난을 걸기도 했지만, 정작 두 사람은 동류의식 같은 것을 느끼며 형제처럼 가까이 지냈다. 학교에서는 말할 것도 없고, 서로의 집을 번갈아 오가거나 함께 여기저기 싸다니기도 했었다. 그러다가 졸업을 하면서 서로의 길이 달라 만나지 못하게 되었지만, 이따금 그 시절이 그리워서 만나보고 싶을 때가 있다.

어디 그뿐이랴. 우편물이 잘못 배달되는 경우가 있는가 하면, 초청장이며 꽃다발 같은 게 잘못 배달되는 경우도 있다. 배달부에게 설명을 하고 되돌려 보내지만, 초청장이며 꽃다발 같은 게 잘못 배달되면 남의 덕에 호사를 누리는 것 같아서 쑥스러울 때가 없지 않다. 아마도 전화번호부 같은 데서 주소를 알아낸 듯싶지만, 조금은 엉뚱하다는 생각이 들기도 한다. 그런가 하면 지탄받을 일에 연루되어 뜻밖의 오해나 비난을 받을 때가 있고, 가끔은 신문의 부음란 같은 데 이름이 실려 생각지도 않게 위로의 인사를 들을 때도 있다. 혼자서 씨-익 웃고 말지만, 기분이 좋을 리 없다.

길을 가다가 옷깃만 스쳐도 인연이라는 말이 있다.

그런 인연으로 해서 울고 웃는다. 어느 것 하나 소중하지 않은 인연이 있을까만, 이름이 같거나 성까지도 같다면 그리 흔한 인연은 아니다. 모름지기 주거니 받거니 하면서 이웃사촌으로 살아갈 일이다. 더러는 사람을 사귐에 있어서 근본이나 사회적 지위 같은 것들을 잣대로 삼기도 하지만 그게 무슨 대수일까 싶다. 이것저것 복잡하게 따질 게 아니라 이따금 만나서 정을 나누며 살아가는 것도 나쁘지 않을 성싶다. 정이란 고달픈 우리네 사람살이를 다독여 주는 훈기이자 덤 같은 것. 또한 되로 주고 말로 받은 것만치나 이문 남는 거래라는 생각을 해본다. (2006)

헌털뱅이

신입구출이란 말이 있다. 새것이 나오면 헌것은 빛을 잃게 마련이다. 비단 물건만을 두고 이르는 말이 아니다. 지금 이 땅에선 젊은이들 등쌀에 나이 든 사람들이 밀려나는 판국이다. 하기야 그 뉘라서 새로운 것을 마다할까만, 아직도 쓸 만한데 서둘러 폐기 처분하려 드는 오늘의 경박한 풍조나 세태에 갈등을 느끼지 않을 수 없다. 살다 보면 때 묻고 찢어지고 일그러진 것들로 해서 사람살이의 고단함을 얼마쯤 위로 받을 수도 있을 텐데…….

내게는 손때 묻은 검정색 몽블랑 볼펜이 있다.

선물로 받은 것이다. 처음으로 가진 출판기념회 자리에서 지인으로부터 받았다. 그런 인연으로 해서 고락을 함께 하면서 내 곁을 지키고 있다. 잠시도 쉬지 못하고 원고지와의 싸움에 나서야 하는데도 군소리 없이 제 몫을 다해 주고 있다. 그 덕으로 몇 권의 책을 묶을 수 있었고, 그러다 보니 심을 갈고 또 갈았다. 아마도 속 골병이 들었으리라. 게다가 부주의로 시멘트 바닥에 떨어뜨려서 상처투성이가 되고 말았다. 수선을 하려고 가게에 가지고 갔더니 서울에 보내야 하기 때문에 시간이 오래 걸린다고 했다. 귀찮아서 테이프로 응급 조치를 해서 그냥 쓰기로 했다. 다른 사람들 보기에 뭣했지만, 마치 붕대를 칭칭 감은 부상병을 부려먹는 것 같아서 애처로운 생각이 들기도 했다. 그러다가 미국에 가는 기회가 있어서 그곳에서 수선을 맡겼더니 즉석에서 고쳐 주었다. 얼마나 고맙던지.

글쓰는 사람에게 있어서 필기구는 소중하다.

더러는 컴퓨터로 원고를 쓰지만, 아직도 연필이며 볼펜이며 만년필로 쓰는 사람들이 많이 있다. 망망대해처럼 아득하게 펼쳐지는 원고지 위에 또박또박 빈칸을 메워나가기를 고집하는 것은 글쓰기란 어디까지나 수공업이라는 생각 때문이다. 글쓰기는 자기와의 힘겨운 싸움이다. 술술 잘 쓰여질 때가 있는가 하면 생각이 풀리지 않아 그 자리에서 맴돌 때도 없지 않다. 마치 절벽을 마주하고 있는 것 같아 한 걸음도 나아가지 못해 애를 태우는 경우가 숱하다. 이처럼 끝없이 이어지는 고독한 싸움을 곁에서 지켜보고 도와주는 유일한 벗이 볼펜이다. 그래서 내 저를 사랑하고 저 또한 나를 믿고 따르는 사이가 되어 지금껏 체온을 나누며 살고 있다. 하찮은 물건 따위에 애착을 가지는 내 자신이 어리석다는 생각이 들어 혼자서 웃어넘기기도 하지만, 추억은 때 묻고 찢어지고 상처받은 채 쌓여 가는 것. 그래서 더욱 소중하다.

다른 하나는 긁히고 닳아서 모양이 일그러진 구두이다.

하루는 수선을 하러 갔었다. 슬쩍 쳐다보더니 빙그레 웃었다. 낯이 익다는 것인지, 구두가 고물이라는 뜻인지, 아니면 아직도 신고 다니느냐며 비웃는 것인지 가늠할 수 없었다. 하기야 그 동안 여러 번 수선을 맡겼으니 그럴 만도 하지만. 앞서 온 손님이 있기에 "다른 일을 보고 오겠다."며 맡겨 놓고 나왔다.

신고 다닌 지 꽤 오래되었다. 그만큼 세월의 흔적이 묻어 있다. 밤낮 없이 분주하게 일터를 왕래했고, 먼 곳까지 출장을 다녔으며, 낯선 땅으로 비행기를 타고 여행을 다니기도 했다. 만원 버스 속에서 무자비하게 밟히는 수모를 당한 적도, 술 취한 사람이 바꿔 신고 가는 바람에 뜻하지 않은 곤욕을 치른 적도, 음식점 같은 데서 저만 남겨놓고 들어가는 매정한 짓을 저지른 적도 있다. 매양 그런 것만은 아니었다. 때로는 붉은 빛 양탄자가 깔린 호사스런 자리에 동석하는 영광을 누리기도 했다. 내로라하는 귀빈들만이 참석하는 자리, 유명한 외국 손님을 만나는 자리, 큼직한 상을 받는 자리, 아이들의 결혼식 자리에 앉아서 기쁨을 함께 할 때도 있었다. 덩달아 호사를 누린 셈이다.

비가 오면 물기가 배어드는 헌 신발이지만, 내 딴에는 거금을 준 맞춤 구두이다. 아이들도 '우리 아버지 멋쟁이' 되었다며 놀려대던 검정색 구두, 아직도 닦아 놓으면 반짝반짝 윤기가 나서 보기에 좋다. 신으면 발이 무척 편하다. 그러나 무엇 하나 제 마음대로 할 수 없는 운명을 타고났다. 비가 오나 눈이 오나 내 발을 감싸고 다녀야 하고, 아침부터 저녁까지 나를 주인으로 떠받들며 살아야 한다. 달아오른 아스팔트길도, 울퉁불퉁한 자갈길도, 빗물이 고인 진흙탕 길도, 사람들이 북적거리는 시장 길도 따라 다녀야 한다. 그래도 저를 따뜻하게 위로해 주거나 불쌍하게 생각해 주지 않는다. 주인을 잘못 만난 탓이다.

이제는 새 것으로 바꿀 만도 하다. 아이들도 구두쇠 짓 그만하고 바꾸라고 재촉한다. 그럴까 해서 가게에 들어서다가도 '헌 신짝 버리듯 한다'는 말이 생각나서 돌아선 게 여러 번이다. 어쩌면 부딪치고 찢어지는 아픔을 보듬고 다독이면서 힘든 고갯길을 넘어야 하는 게 우리네 사람살이라는 생각 때문인지도 모를 일이다. 세상에는 오래되어 아름다운 모습도 있다.

또 다른 하나는 함께 세월의 무게를 견디어 낸 아내이다.

언제부턴가 흰머리가 눈에 띄게 늘었다. 시력이 떨어져서 돋보기를 써야 잔글씨를 볼 수 있다. 허리가 아파서 집안일을 하는데 힘들어하고, 관절 또한 좋지 못해서 걸음걸이가 불편하다. 약을 먹거나 병원에 다니는 회수가 잦아지는 게 내 탓인 것만 같아 안쓰러울 때가 있다. 그런가 하면 '할머니' 소리를 듣고 나서는 기억력이 떨어져서 깜박깜박하기 일쑤이다. 그러나 '어머니' 또는 '할머니'라는 호칭은 아무에게나 주어지는 게 아니다. '어머니'는 오로지 새로운 생명을 잉태하고 출산한 여인에게만 주어지는 축복이 담긴 찬사이다. 세상에서 아름다운 것 가운데 아름다운 것이 어머니의 사랑이라고 하였다. 또한 '할머니'는 존경의 뜻이 담긴 말이다. 세상의 궂은일 험한 꼴을 다 참아내고 마침내 다가오는 삶의 끝자락에서나 들을 수 있는 말이기도 하다. 비록 세월의 무게를 견디어 내느라 억세어지고 일그러진 모습이지만, 삶에 대한 자신감과 지혜를 엿볼 수 있어서 적이 마음이 놓인다.

아름다운 것은 부러움의 대상이다.

여성들에게 있어서 아름다움은 꿈이기도 하다.

날마다 화장을 하거나 체중을 조절하는가 하면, 끼니를 걸러 가면서 몸매를 가꾸는 데 매달리고 있다. 더러는 위험부담을 감수하면서까지 성형 수술을 하는 사람들도 있다. 예쁜 얼굴이나 날씬한 몸매, 매혹적인 웃음이나 세련된 몸가짐을 싫어할 사람은 아무도 없다. 더구나 희고 부드럽고 무르익은 몸매가 인류의 역사를 바꿔 놓은 경우도 있고 보면 무작정 나무랄 일도 아닐 성싶다. 하지만 펑퍼짐한 몸매에 흰머리가 바람에 흩날리는 중년 여인네가 푸근하고 아름답게 느껴질 때가 있다. 이따금 왕릉을 지키고 서 있는 등 굽은 소나무를 떠올려 본다. 소나무는 늙어 갈수록 품격이 깊어지고 향기가 짙어지는 법이다.

날마다 새로운 것들이 쏟아져 나온다. 놀랍고, 신기하고, 때로는 두려운 생각이 들기도 한다.

새로운 기술이 놀랍고, 만들어진 제품을 보면 신기하다. 색깔이 산뜻하고, 모양새가 다양하며, 성능은 나날이 향상되고 있다. 한쪽에서는 편리하다며 좋아하고, 다른 한쪽에서는 이러다가 사람이 기계의 노예가 되지 않을까 두려워한다. 때로는 주변의 복잡한 현상들과 어울려 사람살이를 고립시키기도 한다. 어디 그뿐이랴. 복제에 의해 새로운 생명이 태어나는 현실에 이르고 보면 놀라서 어리둥절할 때도 없지 않다. 이제까지 경험하지 못했고, 상상하기조차 힘들었던 세상이다. 흔히들 변화는 새롭게 발전한다는 의미가 있다고 하지만, 사람살이가 허전해질 때도 있다. 그런가 하면 오래되어 아름다운 것들도 있다. 비록 효용 가치가 떨어졌을지라도 그것들과의 얽히고설킨 추억이 소중하고, 손때 묻고 일그러진 것들이 아직도 내 곁에 있다는 생각만으로도 사람살이의 허전함을 달랠 수 있어서 좋다. 정이란 오래 될수록 도타워지는 것을. (2006)

읽고 쓰는 즐거움

책읽기는 사람에 따라 그 목적이나 방법이 다르다.

더러는 학문과 지식을 위해서, 더러는 기술을 배우기 위해서, 더러는 도리를 깨치기 위해서 읽는다. 그 방법 또한 저마다 다르게 마련이다. 누가 나더러 책읽기의 의의를 묻는다면, 나 자신에 대한 탐색이자 사색의 소재이며, 나를 기르는 수단인 동시에 사람살이의 격을 높이려는 몸부림이라 할 것이다.

나는 여러 모로 부족한 사람이다. 사람살이에 관한 이해가 부족하고, 인간관계의 폭이 넓지 못하며, 정신세계 또한 그리 넉넉하지 못하다. 그래서 배우는 데 게으르지 않으려고 마음을 다잡고 있다. 사람들로부터 배우기도 하지만, 책을 통해 배우는 데도 게으르지 않으려고 애를 쓴다. 그러다가 붓을 들어 느낌이나 감흥을 받아 적기도 하는데, 이제는 이 두 가지가 습관처럼 되고 말았다.

여러 분야의 책을 두루 읽는다.

문학 · 역사 · 철학에 관한 책을 주로 읽는데, 그 가운데서도 고전을 많이 읽는 편이다. 흔히들 고전은 지루하고 재미없는 책이라고 한다. 맞는 말이다. 하지만 고전이야말로 사람살이의 지혜를 깨우쳐 주는 책 가운데 책이다. 그밖에 외국어 · 여행 · 취미생활 · 문화 · 예술 · 자연과학 같은 분야의 책들도 읽지만, 때로는 술이나 음식에 관한 책, 건축이나 기술에 관련된 책들도 읽는다. 여러 번 되풀이해서 읽고, 밑줄을 그어 가면서 읽는다. 필요한 부분은 따로 메모를 해 두기도 한다. 더러는 이 같은 모습을 보고 '아직도 이런 방법으로 읽는다는 게 신기하다.' '마치 입시를 준비하는 수험생 같다.'며 웃는다.

글이나 책을 선별해서 읽을 필요가 있다.

처음 읽어 내 생각보다 미흡하고 용렬하면 더 이상 읽을 거리가 되지 못하고, 내 생각과 드나들면 벗할 만하다. 그런가 하면 예지와 섬광이 빛나고, 알 수 없는 힘으로 나를 도취시키거나 매력에 사로잡혀 놓지 못하는 글을 만나면 걷잡을 수 없는 기쁨과 즐거움과 위안을 느끼게 된다. 노자와 장자가 그렇고, 괴테나 톨스토이의 글이 또한 그렇다.

책읽기는 선택이 아니라 필수이다.

어쩌다 취미가 무엇이냐고 물으면 '책읽기'라고 답하는 사람을 보는데 나로서는 이해할 수 없는 일이다. 하기야 그런 사람 쳐 놓고 '어떤 책을, 얼마나 읽었느냐'고 물으면 대답이 궁색하기 일쑤지만. 뿐만 아니라 글쓰는 사람들조차 열심히 읽지 않는데 대해 이해할 수 없다. 예로부터 '올가미 없는 개 장사'라는 말이 있지만, 머릿속이 비면 쓰는 데 힘이 부치게 마련이다. 그것은 먹이지도 않고 계란을 얻으려고 하는 것과 다를 바 없다. 그렇다고 해서 무작정 읽는 것만이 능사는 아니다. 생각하고, 따져보고, 정리해 가며 읽는 것이 좋다. 아무튼 글쓰는 사람은 폭넓게 읽고, 그것을 새김질하면서 정신세계를 다채롭게 가꾸는 게 좋다.

젊은 시절, 나는 글쓰기에 대해 별로 관심이 없었다. 남들 같으면 문단에 발을 들여놓으려고 몸부림칠 나이에도 읽는 데만 몰두했었다. 그러다가 우연한 기회에 문예지에 투고를 하면서부터 글쓰기에 눈을 뜨게 되었다.

수필은 문장의 문학이다. 마음속에 있는 하나의 생각을 표현함에 있어서 반드시 어렵고 유식한 낱말이나 문장이 필요한 것은 아니다. 체로 거르지 않은 거친 생각, 생경한 낱말이나 난삽한 문장, 별것도 아닌 내용을 가지고 사설을 늘어놓거나 잔재주를 부린다면 외면당하기 십상이다. 더구나 수필은 생활 주변에 흩어진 자질구레한 소재를 찾아내어 의미를 부여하는 작업이라 할 수 있다. 그러므로 보고 듣고 느낀 것을 쉽고 간결하고 진솔하게 표현하는 게 좋다. 독자들의 마음을 사로잡을 수 있는 비결이기도 하다. 그러자면 문장을 갈고 다듬는 데 공을 들여야 한다. 또한 말을 아껴야 한다. 그 낱말이나 문장을 쓰지 않아도 맛이 같다면 쓰지 않는 게 좋다. 독자로 하여금 음미할 수 있도록 여운을 남겨 두어야 한다는 뜻이다.

내 글쓰기 작업의 근본은 '쉽고 간결하게 쓰는' 데 있다.

나는 수사적인 장식을 좋아하지 않는다. 그보다는 꾸밈없고 진솔한 글, 지성과 품격이 묻어나는 문체를 좋아한다. 그것은 세련된 멋이라 할 수 있는 이지적인 냄새와 고귀한 정서가 곧잘 유발되기 때문이다. 하기야 아름답고 화려한 글을 쓴다고 해서 나쁠 건 없지만, 읽어도 무슨 뜻인지 이해할 수 없거나 이해하고 나면 더 허탈해지는 글이라면 허장성세에 지나지 않는다. 더구나 수필은 담백한 맛을 으뜸으로 여기는 문학이요, 이 같은 수필문학의 특성으로 미뤄 볼 때 군더더기 없는 간결한 문체가 어울린다는 생각에서다. 그러나 쉽고 간결한 글은 따분하고 무미건조하다는 느낌을 줄 수도 있다. 따라서 그 같은 함정에 빠져들지 않기 위해 긴장감을 늦추지 않는 한편으로 다양한 변화를 시도하고 있다. 하지만 결코 쉬운 일이 아니다.

글쓰기에 있어서 가장 나쁜 것은 모호하게 쓰는 것이다.

글쓰는 사람들의 모호함에는 두 가지 경향이 있다. 하나는 태만에서 오는 것이다. 쉽고 간결하게 쓰는 법을 애써 배우려 하지 않기 때문이다. 또한 주제를 확실하게 소화하지 못했거나 머릿속을 정확하게 체계화하지 못한 경우도 있다. 다른 하나는 일부러 그렇게 만드는 것이다. 자신이 표현하려는 의미를 신비 속에 감추어 독자들이 잘 알지 못하도록 안개를 피우며 에돌아가는 경우이다. 어쩌면 소통을 거부하는 것인지도 모르지만, 대체로 모호하고 지나치게 이론적이기 마련이다. 더러는 꾸짖는 투로 쓰는 경우도 없지 않다. 이 같은 글들은 독자들이 읽기가 괴롭다. 지식인의 오만함 아니면 일종의 속임수라고나 할까.

독자들의 관심을 끌지 못하면 읽히지 않는다.

재미있는 글, 쓰고 싶어서 쓴 글이라야 읽을 맛이 난다. 쓰는 사람 자신이 기쁘지 않은데 읽는 사람이 즐거울 리 없다. 하지만 저절로 되는 일이 아니다. 오랜 훈련을 쌓아야 한다. 글쓰는 일이 습관화되지 않으면 글을 많이 쓰거나 잘 쓸 수 없고, 또한 많이 쓰지 않고서는 잘 쓸 수도 없다. 그러므로 날마다 일정한 양의 글을 꾸준하게 쓰는 훈련이 필요하다. 뿐만 아니라 실패를 두려워해서는 안 된다. 쓰여진 작품이 좋은 글일 수도, 그렇지 못한 글일 수도 있기 때문이다. 그렇다고 해서 지레 겁을 먹거나 포기하는 것은 옳지 않다. 나는 쓰고 싶은 충동이 일 때 쓰지만, 때로는 쓰지 않을 수 없어서 쓰는 경우도 있다.

문학의 본래 기능에 충실하려고 애쓰고 있다.

즐거움이나 감동을 독자들과 함께 나누려고 한다. 나아가 사람살이에 관한 사유의 지평을 넓히는 데 조금이라도 보탬이 되었으면 하는 바람도 가지고 있다. 그렇다고 생뚱맞은 낱말이나 톡톡 튀는 문장으로 시류에 영합할 생각은 추호도 없다. 대중적인 인기 같은 것에 관심이 없을 뿐더러 내 창작활동을 위해서도 바람직하지 않다는 생각 때문이다. 소중한 것은 말재주가 아니라 그 속에 깃들인 의미라는 생각이다.

창작활동은 표현과 소통을 통한 하나 되기에 의미가 있다.

문학작품은 독자들에 의해 비로소 완성된다고 할 수 있다. 작가가 심혈을 기울인 작품이라 해도 독자들로부터 '무슨 말을 하려는지 알 수 없다'는 말을 듣게 되면 좋은 작품이라 할 수 없다. 바꾸어 말하자면, 속뜻은 깊어도 쉽고 간결하게 쓰는 게 좋다. 하지만 결코 쉬운 일이 아니다. 오죽하면 이보다 더 어려운 일이 또 있을까, 하고 머리를 쥐어뜯으며 난감해 하겠는가. 그도 그럴 것이 어렵고 난해한 것들을 두루 섭렵해 자기의 것으로 만든 뒤에야 비로소 가능하기 때문이다. 나의 경우, 낱말 하나 문장 한 줄을 고르느라 하루 종일 씨름을 해도 원고지의 반을 채우지 못하는 경우가 허다하다.

문학이 사람에 따라 호사가 될 수 있고, 명예도 될 수 있고, 돈벌이의 수단이 될 수도 있지만, 나한테는 고독의 반추이자 사랑이기도 하다. 책 속에서 옛사람들을 만나고, 그들과 더불어 이야기를 나누다 보면 숨어 있는 나 자신을 찾을 수 있다. 그러다가 감흥이나 느낌을 받아 적고 싶은 충동을 참지 못해 몇 자 써 놓기도 하지만, 이 얼마나 기쁘고 즐거우며 순수한가. (2007)

뜻밖에 일

사나흘 비가 추적거리더니 날씨가 제법 쌀쌀해졌다. 볕이 잘 드는 창가에 앉아서 밖을 내다보고 있다. 낙엽이 바람에 떠밀려 흩어지고 행인들의 발걸음도 무척 빨라졌다. 달력이 한 장밖에 남지 않았다. 어느새 한 해가 다 간 것 같아서 지난날을 되돌아보게 된다.

무엇을 했던가. 먹고산다는 일에서 풀려나니 오라는 데도 가야할 곳도 별로 없다. 그래서 아침저녁으로 꼬박꼬박 산책을 다녔다. 더구나 외곽지로 이사를 했더니 문을 열고 나서면 하천과 산이 기다리고 있다. 산도 좋고 물도 좋지만, 매연을 걱정하지 않아도 되니 더욱 좋다. 건강에 좋을 뿐더러 이야기를 나누기에도 안성맞춤이다. 아내와 함께 다니는 산책의 재미가 쏠쏠하다. 또한 우리네 사람살이에 환경이 중요한 영향을 미친다는 사실을 몸으로 느끼고 있다. 그도 그럴 것이 이전에는 알레르기성 피부 질환 때문에 한 해에 예닐곱 번은 병원에 다녔었는데, 이사를 하고 두 해가 지났으나 한 번도 병원에 가질 않았다. 새삼스레 자연에 감사하고 있다.

작업실에 나와서 차를 우리고 책을 읽거나 글을 쓰는 데 몰두했다. 많이 읽고 많이 썼다. 그러다가 지인들이 찾아오면 한담을 나누거나 점심을 함께 하며 정을 나누기도 했다. 이따금 나라 안팎으로 여행을 다녀오거나 강좌에 나가서 문학에 관한 이야기를 나누기도 했다. 지극히 단순한 일상이었지만, 이 모두가 보다 성숙해지려는 몸부림이자 작은 기쁨이기도 했다.

글쓰기 작업이 행복하다고 할 수는 없다. 그러나 쓰지 않는 것보다 낫다는 생각이다. 사물이나 현상에 대한 이해를 넓히고 생각의 깊이를 더할 수 있기 때문이다. 그리고 한 편의 글을 쓰는 동안 느끼는 팽팽한 긴장감과 마음에 드는 글을 얻었을 때의 희열은 그 무엇과도 바꿀 수 없다. 덤으로 젊음을 유지하는 데도 도움이 된다. 마음이 젊으면 몸도 건강하게 마련이다.

마음이 젊다는 것은 어떤 것일까?

감각이나 감정이 깨어 있는 모습이다. 새로운 감각이나 넉넉한 감정이 있으면 사람살이가 즐겁다. 나아가, 작가는 독자들이 문학을 통해 즐거움이나 감동을 느낄 수 있도록 해주어야 한다. 또한 다른 사람이나 다른 집단을 이해할 수 있도록 다리를 놓아 줄 책임도 있다. 그래서 '내가 쓴 글이 과연 문학으로써 가치가 있는가' 회의하면서 발표하게 되지만, 글을 쓴다는 것은 끊임없는 자신과의 싸움이기도 하다. 아울러 글쓰는 사람이라면 모름지기 조금은 가난하고 배고프게 살 필요가 있다. 그래야만 순수와 열정으로 창작에 몰두하게 된다. 풍족하고 배가 부르면 번뇌와 망상에 사로잡혀 창작 의욕이 시들해지고 만다.

쓴다고 해서 다 문학이 될 수는 없다.

모든 예술이 다 그렇지만, 문학 또한 관객에 의해 완성된다. 바꾸어 말하자면 독자로부터 외면당하는 문학은 진정한 의미에서 문학이라 할 수 없다. 하지만 한 편의 좋은 작품을 얻기가 결코 쉬운 일이 아니다. 그만큼 절실하게 고민해야 할 뿐더러 작품의 완성도를 높이는 데 정성을 쏟아야 한다. 책방에 나가보면 욕망과 무질서와 혼란으로 뒤엉킨 책들이 수두룩하다. 순수문학 작품보다 가벼운 읽을거리나 시사성이 짙은 책들이 주류를 이루고 있다. 뿐만 아니라 외국

서적의 번역물이 판을 치고 있다. 물론 독자들의 취향이나 주변 환경이 다양하게 변한 탓도 있지만, 스스로 부끄러움을 느끼지 않을 수 없다. 아무튼 배우가 감동하지 않으면 관객이 기뻐하지 않는 법이다.

어떻게 살아야 할까 고민했다.

보다 단순하고 간소하게 살려고 노력했다. 그래서 의·식·주를 비롯한 생활양식이며 생각에 이르기까지 정리정돈에 매달렸다. 될 수 있는 대로 헐렁하게 입고, 가볍게 먹으며, 호사스럽지 않게 살려고 무던히 애를 썼다. 소욕지족少欲知足이라 하지 않았던가. 만족할 줄 아는 마음보다 더 귀중한 것은 없다. 작은 것에 만족할 줄 알고, 많은 것을 구하지 않으며, 잡다한 일을 줄이고 일상을 간소하게 하며, 비열한 행동을 하지 않으면 늘 마음이 편안하다. 인간관계도 복잡한 것보다는 단순한 것이 살뜰해질 수 있다. 그래서 잊어도 좋을 사람은 뭉떵뭉떵 지워버렸고, 버릴 것은 과감하게 내다버렸으며, 나가지 않아도 될 자리에는 아예 눈을 딱 감아버렸다. 그로 해서 이따금 별나다는 소리를 듣기도 하지만, 이제는 남의 눈치를 살피면서 살 때가 지났다는 생각이다. 어떤 분은 노경에 이사를 하면서 달랑 책 세 권만 가지고 갔다고 하지 않던가.

올해의 '대구문학상' 수상자로 결정되었다는 통지를 받았다. 해마다 이맘때쯤이면 문인협회에서 한두 사람씩 뽑아서 상을 주는데, 올해는 내가 선정되었다는 것이다. 기쁜 일이 아닐 수 없다. 하지만 전혀 생각지도 못했던 일이라서 한동안 혼란스러웠다. 곰곰이 생각해 보았다.

상이란 게 묘한 데가 있다. 상을 받고 싶어 안달이 나서 못 견디는 사람도 있고, 또한 상을 받았다고 좋아하는 사람이 있는가 하면 그렇지 않은 사람도 있게 마련이다. 이따금 경험하는 일이지만, 내 자신이 받은 게 아닌 데도 기분 좋을 때가 있는가 하면 왠지 뒷맛이 씁쓰레할 때도 더러 있다. 연줄을 동원해 물밑 작업을 벌이는 사람, 부상에 더 관심이 많은 사람, 자기 과시를 위해 상을 탐내는 사람들을 보면 마치 못 볼 것을 본 것 같아 민망스럽다. 하기야 상을 받고 나면 조금은 기분이 좋아질는지 모르지만, 본질과는 점점 거리가 멀어지게 된다. 순수와 열정이 사그라지고, 사람에 따라서는 으스대거나 자만에 빠지는 경우도 없지 않다. 생각 끝에 고사하기로 마음을 정리하고 이렇게 밝혔다.

무릇 상이란 주어서 기분 좋고, 받아서 부끄럽지 않으며, 제3자가 보더라도 공감할 수 있어야 한다는 생각입니다. 그래야 상이 빛나고 문인협회의 권위가 바로 설 수 있을 것입니다. 하지만 제 경우 여러 모로 부족할 뿐더러 머리에 서리꽃이 핀 이제 와서 상을 받는다는 게 어쭙잖다는 생각이 듭니다. 또한 비록 졸작이지만 지금껏 글을 쓰고 책으로 묶는 작업을 계속하고 있는 것은 오로지 나 자신의 정신세계를 위한 노력일 뿐, 어떤 형태의 보상이나 상을 염두에 두고 있는 게 아닙니다. 그런 연유로 해서 그 동안 여기저기서 상에 관한 이야기가 몇 차례 있었으나 모두 사양한 바 있습니다. 아무쪼록 나서지 않고 있는 듯 없는 듯 조용하게 살아가려고 애쓰고 있는 사람의 마음을 너그럽게 헤아려 주셨으면 좋겠습니다.

버리고 나니 마음이 홀가분하다. 또한 그로 해서 더 많은 것을 얻었다. 이웃이 보내준 격려와 성원이 그저 고마울 따름이다. (2006)

‖ 책을 묶고 나서 ‖

책 한 권 내기가 참으로 어렵다. 이름깨나 있는 출판사에서는 거들떠보지도 않는다. 착잡하다. 다행히 속 깊은 지인의 격려와 성원에 힘입어 또 한 권의 책을 묶을 수 있어서 기쁘다. 고통 속에 피는 꽃이 아름다운 법이라 했던가.

수필을 상화想華라고도 한다. '생각의 꽃'이라는 뜻인데, 참 아름다운 말이다.

그 뿌리를 더듬어 올라가면 옛 선비들의 산문에서 비롯되었음을 알 수 있다. 가깝게는 조선시대 『고금소총古今笑叢, 편자미상』이나 『일신수필馹迅隨筆, 朴趾源』 같은 한문수필이 있고, 그보다 더 올라가면 신라·고려시대의 산문이 있다. 이 같은 오랜 전통을 바탕으로 그 동안 발전해 왔지만, 설리보다는 서정에 치중하는 경향이 없지 않았다. 반면에 서양의 에세이는 비록 길지 않은 형식으로 엮은 글이라 해도 그 속에는 삶에 대한 철학적 사색이나 지혜가 묻혀 있고, 보편적인 이념·경험·사상 같은 것들이 녹아 있다. 그 때문에 수필을 에세이와 비교해 보면 빈약하다는 생각이 들 때도 있지만, 우리네 선비들은 인위적으로 어떤 감동을 이끌어 내려 애쓰지 않았다. 그럼에도 불구하고 예리한 통찰과 절제된 표현으로 해서 그 맛이 산뜻하고 아취가 느껴진다. 그래서 나는 우리네 선비들의 글을 좋아하고 삶을 그리워한다. 나아가 한 사람의 선비로 기억될 수 있다면, 하는 바람을 가지고 있다.

책이 나오기까지 여러 사람의 도움이 있었다. 어설픈 글들을 다듬어서 책으로 묶어 준 북랜드 가족, 사진을 찍어 준 이춘호 님께 빚을 지는 것 같다. 고마운 사람들의 모습을 오래도록 기억하고 싶다.

2008년 새아침에
허허재에서 김종욱